familias enredadas

Laura Coronado

familias enredadas

Cultura digital para papás, novatos

y todos los que quieran aprender

del sano uso de las redes sociales.

VERGARA

El papel utilizado para la impresión de este libro ha sido fabricado a partir de madera
procedente de bosques y plantaciones gestionadas con los más altos estándares ambientales,
garantizando una explotación de los recursos sostenible con el medio ambiente y beneficiosa para las personas.

Familias enredadas
Cultura digital para papás, novatos y todos los que quieren aprender del sano uso de las redes sociales

Primera edición: febrero, 2022

D. R. © 2021, Laura Coronado

D. R. © 2022, derechos de edición mundiales en lengua castellana:
Penguin Random House Grupo Editorial, S. A. de C. V.
Blvd. Miguel de Cervantes Saavedra núm. 301, 1er piso,
colonia Granada, alcaldía Miguel Hidalgo, C. P. 11520,
Ciudad de México

penguinlibros.com

ISBN: 978-607-380-194-2

Impreso en México – *Printed in Mexico*

¿Quién soy en el mundo?
Ah, ése es el gran rompecabezas.

Alicia en el país de las maravillas

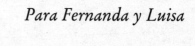

Para Fernanda y Luisa

ÍNDICE

Prólogo

Somos la primera generación educando hijos en la era digital y no hace falta explicar lo poco preparados que estábamos para este tema. Nosotros mismos somos un experimento frente a esta nueva realidad y estamos, por decir lo menos, un poco rebasados.

Casi todos nosotros nos hemos hecho adictos a las pantallas y hemos ido permitiendo que nuestros hijos lo sean también. Somos los que ponemos una en sus manos, demasiado pronto, demasiado tiempo y, en la mayoría de los casos, sin conocer realmente las implicaciones que esto puede tener a largo plazo, ni los riesgos que corren neurológica y socialmente al estar expuestos durante horas a las mismas.

Aunque es un hecho que entre más tiempo tardes en exponer a un bebé a la pantalla y que idealmente el primer año la recomendación es no hacerlo —para permitir que sus procesos neuronales, de aprendizaje, visuales, cognitivos, sensoriales, de atención, sociabilización y todos los etcéteras que caben aquí—, es absurdo pretender mantener a nuestros hijos permanentemente aislados de las pantallas.

El mundo ya cambió y la tecnología es parte de la era moderna. No sirve de nada lamentarnos ni seguir repitiendo que "en nuestras épocas...". Lo que sí necesitamos hacer, de manera urgente, es informarnos y entender muy bien cómo funciona la tecnología y las implicaciones de las redes sociales que probablemente serán uno de los lugares preferidos de nuestros hijos.

Nos guste o no, gran parte de la vida social de nuestros hijos sucederá en línea y nos corresponde a nosotros, como adultos responsables a cargo de ellos, tener todo el contexto necesario para saber regular, monitorear y poder enseñarles a navegar con la mayor conciencia y responsabilidad posible y, al mismo tiempo, saber leer las señales y los riesgos para prevenir que formen parte de una de las tantas historias de terror que suceden cotidianamente en el mundo de las pantallas.

La llamada alfabetización digital, que no es otra cosa que aprender los sí y los no que estamos dispuestos a permitir y el funcionamiento general, y particular, de la sociabilización por internet.

Pero más allá de la parte técnica y funcional, tú y yo, papá y mamá, necesitamos entender cómo funciona todo esto para poder guiar a nuestros hijos y enfocarlos.

En una era en donde parecería que el objetivo principal de los jóvenes es "ser famosos", ser influencers, youtubers, tener millones de likes y que piensan que la fuente de la validación y el reconocimiento es "la fama", nuestra principal labor es formarlos como personas preparadas para aportar, para sumar y para formar sociedades más conscientes, más solidarias, inclusivas y empáticas, en cualquier medio en el que se desenvuelvan.

Valeria Stoopen Barois
L´amargeitor

Para conocernos mejor

Desde que nos convertimos en padres, lo primero que buscamos es garantizar que a nuestros hijos "no les pase nada malo". ¿Qué sucede cuando van creciendo pero no por ello dejan de ser "indefensos"? Pasamos de buscar los mejores asientos para el auto a preocuparnos por sus amistades. Pero en pleno 2021 la interacción de niños y adolescentes ya no se vive sólo en los patios de la escuela o en las fiestas: vivimos un mundo virtual que cada vez influye más en nuestra realidad.

El poeta español Luis Rosales decía que "ser hombre es crecer hacia dentro". ¿Cómo logramos que nuestros hijos se conviertan en seres humanos cuyo desarrollo no sólo sea físico sino intelectual y espiritual? Si la adolescencia en sí misma es complicada, ¿qué podemos hacer para que el entorno digital sea seguro para ellos? ¿Cómo reaccionar ante un ambiente diferente al que tradicionalmente vivíamos? ¿Qué hacemos con los más pequeños que ya son nativos digitales?

Este libro es una pequeña guía para conocer —o tratar de entender— algunas de las situaciones que vemos cotidianamente en redes sociales. De manera sencilla trataré, como mamá y académica, de presentar algunos casos —reales y conocidos en medios— que nos pueden servir de base para acercarnos a nuestros niños y jóvenes, empatizar con sus emociones, crear vínculos de comunicación e invitarlos a la reflexión.

Por desgracia, no tenemos una "receta secreta" para que en todos los supuestos tengamos la respuesta adecuada, pero el dedicarle tiempo e interés a la "vida virtual" es un primer paso para no caer en lugares comunes, errores sobre términos y tener una actitud positiva y activa frente a un proceso que no va a dar marcha atrás.

Generalmente, muchos padres tienden a simplemente alejarse de la tecnología, "eso es algo de jóvenes", o peor aún prohibir de manera absoluta, "nada de redes o videojuegos en la casa". Lamentablemente, "no querer ver los problemas" o "evitar males mayores" no es la mejor de las opciones. Después de todo, cuando comenzamos a patinar o andar en bicicleta nos caemos muchas veces, pero es preferible protegerse que dejar de aprender.

Si no podemos ser ermitaños digitales, los casos que comentamos a lo largo de este libro nos ayudan a sentir que no estamos solos y que las experiencias de los demás nos pueden ser de utilidad. Además de buscar lo bueno de las redes sociales, este libro intenta resolver dudas sobre mucho de lo que escuchamos y que nos da pena preguntar o de lo que no queremos hablar por miedo a "escucharte como chavorruco".

Una realidad que gira alrededor de las redes sociales implica grandes retos. Nos enfrentamos a un ambiente lúdico, atractivo y envolvente. No caer en las redes de un ciberespacio, que no siempre muestra el lado más amigable de la sociedad, no resulta fácil. Sin embargo, quizás el mayor de los retos es estar más presentes. Más presentes con nuestros hijos y menos pendientes de nuestro propio celular. Y un poco más: no distanciarnos de los intereses e inquietudes de nuestra familia, tener un espacio propicio para las confidencias y fortalecer nuestros lazos.

Así como tratamos de saber qué pasa en el mundo laboral para estar a la vanguardia o cuáles son las tendencias de la moda o la gastronomía, debemos informarnos de lo que sucede en las redes sociales. Después de todo, las innovaciones tecnológicas están pensadas para que todo el mundo las use fácilmente.

¿Sabemos qué son y para qué sirven las redes sociales?

Hace relativamente poco Facebook estuvo involucrado en el famoso escándalo de Cambridge Analytica. Una de las anécdotas más reveladoras fue que, durante la aparición de su fundador frente al Congreso de Estados Unidos, los legisladores no sabían "cuál era el negocio" de esa plataforma "si es gratuita".

Y, precisamente, el precio es muy alto: nuestra privacidad, nuestros datos personales, los gustos que tenemos, la publicidad que nos interesa, la ideología con la que nos identificamos. La información es poder y nosotros gustosamente se las proporcionamos. Y los legisladores o líderes no saben qué hacer.

A lo largo de este libro veremos cómo ayudarles a los jóvenes a que piensen (cuestión que no es fácil porque están renuentes a que sus padres les sigan diciendo qué hacer) y formen su propio criterio. Pero también intentaremos que como padres nos sintamos cómodos con lo que sucede en el mundo virtual y sepamos orientarlos.

Capítulo 1

Esto es sólo el comienzo

Misty Copeland es una estrella de fama mundial. Como toda figura pública exitosa, no ha estado libre de polémicas y, curiosamente, de *bullying*. Es la primera bailarina afroamericana reconocida como "principal" en el American Ballet Theatre (ABT) y la imagen de firmas internacionales como Estée Lauder y Under Armour.

Además, es un símbolo contra el racismo y modelo para motivar a muchas niñas a participar en disciplinas "tradicionalmente exclusivas" para ciertos grupos sociales. Es tan importante en Estados Unidos que Barbie creó su muñeca dentro de la colección de Sheroes, aunque se le criticó porque era "muy blanca" frente a la piel de Misty.

Antes de su nombramiento en una de las compañías de danza más importantes a nivel mundial, muchas de éstas sólo incluían bailarines de origen caucásico o formaban el llamado "Black Dance Group", quienes, obviamente, realizaban funciones sin mezclarse con el resto de los miembros.

Por su trayectoria, podríamos suponer que es una persona que se ha enfrentado a comentarios hirientes, nocivos o racistas a lo largo de su vida personal y su carrera profesional. Y no sólo eso, también que cuenta con herramientas para conocer de estos temas al formar parte de campañas contra el *bullying*, como la que hizo con el actor Sean James. Pero ¿qué ha hecho cuando la atacan?

Con alrededor de 1.7 millones de seguidores en Instagram, en 2018 Misty Copeland respondió a un llamado *hater* en redes sociales convirtiendo su respuesta en viral. ¿Debió responder al post en el que la molestaban? ¿Por qué se enganchó con los comentarios?

A pesar de que fueron diversas las cuentas que criticaban su actuación, la que ella respondió fue la de @miss_hokie, quien subió un video de la bailarina en donde "fallaba" en brindarle al público 32 *fouettés* (piruetas) en *El lago de los cisnes*. Básicamente, la publicación decía que era la prueba de que estábamos frente a la peor bailarina, de por qué era una "vergüenza para el ABT no sólo tenerla en su lista, sino como bailarina principal", y que entendía por qué el resto del mundo consideraba el ballet de Estados Unidos como "una broma".

¿Realmente había fallado?

Existe la "tradición" de contar los *fouettés* en el ballet desde que la bailarina Pierina Legnani interpretó el doble papel (protagonista y antagonista) en *El lago de los cisnes*. La idea es mostrar cómo Odile (el cisne negro) seduce al príncipe Sigfrido. Nunca se ha podido demostrar si efectivamente se realizó dicha hazaña técnica en el siglo XIX. Hasta el momento, algunas bailarinas han conseguido los 32 giros consecutivos, pero no es una regla el cumplirlos —y no son fundamentales— para interpretar el papel. En esencia, lo que se busca es mostrar la fascinación que despierta un personaje frente a otro; sin embargo, siempre ha existido la polémica en este tipo de disciplinas: ¿se debe de privilegiar la técnica o los sentimientos que se transmiten?

Claramente la *hater* buscaba aprobación de los demás presentándose como una experta en el ballet al criticar a la bailarina. La respuesta de Misty fue muy sencilla, pero se convirtió en viral, ya que se defendió de sus atacantes, pues muchos famosos suben contenidos pero nunca responden los comentarios de los seguidores. ¿Qué fue lo que señaló?

Estoy feliz de compartir esto porque siempre seré un trabajo en progreso y nunca dejaré de aprender. Aprendo de verme grabada y pocas veces puedo hacerlo. Así que gracias. Siempre reiteraré que, de ninguna manera, soy la mejor en el ballet. Entiendo mi posición y lo que represento. Sé que estoy en una posición especial y se me ha dado una plataforma excepcional. Todo lo que siempre querré es llevar el ballet a más personas y ayudar a diversificarlo. He trabajado muy duro para estar en donde estoy y creo que he traído a la mesa auténtico arte con un punto de vista único a través de mis experiencias y mi inusual camino y educación. También como una mujer y bailarina negra, me encantaría ver a todos los increíbles bailarines tener las oportunidades que he tenido.

¿Por qué nos duele tanto lo que nos dicen en redes sociales incluso personas que no conocemos? Si una persona con una trayectoria sólida queda desconcertada y se siente desprotegida frente a los comentarios en redes sociales, ¿cómo nos afecta a los demás? ¿Qué sucede cuando los adolescentes sufren este tipo de ataques?

El National Institute of Mental Health —que es parte del Departamento de Salud de Estados Unidos— ha señalado que la adolescencia es un momento crucial para todos, ya que el cerebro experimenta grandes cambios. Y aunque los jóvenes se adaptan fácilmente, su desarrollo personal puede verse afectado si el entorno digital no es amigable. En la adolescencia pueden detonarse con mayor frecuencia ansiedad, depresión, bipolaridad y trastornos alimenticios. Si los contenidos son agresivos o hirientes, los jóvenes pueden verse aún más afectados debido a la etapa de la vida en la que se encuentran.

Construir un buen nivel de autoestima les dará las bases necesarias para tener una vida equilibrada y evitar desórdenes en su conducta —desde ansiedad hasta autoflagelación— o incluso necesitar apoyo en sus relaciones sociales. Es muy importante que todos —y especialmente los adolescentes— contemos con un ambiente digital seguro. La problemática del *cy-*

berbullying se vuelve aún más grave si vemos las cifras oficiales: uno de cada tres *millennials* en México ha sufrido de ciberacoso.

Como lo define el Fondo de las Naciones Unidas para la Infancia (Unicef), el *bullying* es "un comportamiento o conductas repetidas y abusivas con la intención de infligir daño por parte de una o varias personas hacia otra, que no es capaz de defenderse a sí misma". La violencia puede ser verbal, física, psicológica, sexual o cibernética.

Una de las principales características del *bullying* es que quien lo realiza busca que las agresiones sean observadas por testigos. El ciberespacio se ha convertido en el escenario ideal para que este tipo de discriminación se realice: permite el eventual anonimato de quien acosa o su "desaparición" o "cambio de personalidad" en la red.

¿Cuáles son las características del *cyberbullying*?

▸ Son comentarios intrusivos, ofensivos o denigrantes.
▸ Su naturaleza comúnmente es reiterativa.
▸ Pueden realizarse las 24 horas.

- Distribuirse a una gran audiencia o un público en específico.
- Borrarlos no es tan fácil como su publicación, la cual es inmediata.
- Es difícil detectar la fuente en muchas ocasiones.

¿En dónde se realiza el acoso digital?

Estamos frente una serie de actividades que se desarrollan en mensajes de texto o llamadas por teléfono, conversaciones instantáneas, comentarios en redes sociales o grupos cerrados, blogs y otras páginas de internet, entre cientos de posibilidades.

¿Cómo se realiza el *cyberbullying* con más frecuencia?

- Enviando mensajes aludiendo a una persona ya sea directamente, en su perfil o dentro de grupos o juegos virtuales.
- Compartiendo imágenes embarazosas, íntimas o falseadas de una persona.
- Inventando o esparciendo anécdotas falsas o perjudiciales acerca de alguien.

▸ Excluyendo a una persona de actividades o conversaciones en línea, es decir, ignorándolo, pero dejando que se percate de ello.

Las posibilidades son infinitas. Incluso existen los *deep fakes* pornográficos, es decir, el uso de inteligencia artificial para producir videos con escenas eróticas de celebridades. Quizás el caso más destacado es el de la actriz Scarlett Johansson, quien ha visto cómo su rostro es utilizado para comercializar videos interpretados por otras personas. Son tantos los videos que se publican de su persona que ella misma ha dicho que se ha dado por vencida al intentar denunciar todos los contenidos en los que aparece. Lamentablemente, no sólo circulan fotografías y videos de artistas en internet, todos nosotros subimos —con mayor o menor conciencia— contenidos que cualquier persona mal intencionada pudiera utilizar.

No se trata de criminalizar el ciberespacio o hablar sólo de sus beneficios. Es real que no podemos evitar al cien por ciento —por poca o nula regulación— conductas delictivas. Lo que sí está en nuestras manos es compartir aquello con lo que no pudiéramos ser más vulnerables. Pero incluso, como en el caso de Misty, en muchas ocasiones podríamos sufrir de comentarios hirientes sin poder evitarlos o ver que alguna imagen o video circula y llega a cientos de personas sin nuestra autorización.

Un contenido en redes sociales puede convertirse en viral cuando las personas desean compartirlo, ya que les crea emociones, y en este caso la empatía que generó Copeland con otros famosos —como Gwyneth Paltrow, quien también comentó el post— y otros cientos de personas que apoyaron su respuesta desencadenó que más usuarios quisieran conocer lo que había sucedido.

¿Qué hizo bien la bailarina?

▸ No lo tomó personal.
▸ No respondió con otra agresión.
▸ Explicó sus sentimientos.
▸ Encontró algo positivo en el comentario. No se salió de redes sociales.

Quizá la primera reacción de cualquier persona al sentirse agredida es responder con igual —o de ser posible mayor— intensidad. Por regla general, las batallas cibernéticas comienzan precisamente por los intentos desesperados de ser el que dice "la última palabra", y ello se agudiza si consideramos que los testigos del conflicto son muchos usuarios.

En México este tipo de "guerras" las vemos con regularidad —y hasta cotidianidad— con nuestros políticos en Twitter. Pero dicho comportamiento —que incluso parece infantil— puede observarse en distintas plataformas. Quizá Taylor Swift es el mejor ejemplo de lo que no debemos de hacer en redes. En su momento, la cantante ha discutido en redes sociales con su exnovio Calvin Harris o con Kim Kardashian, Kanye West y Nicki Minaj.

Por eso sorprendió que Misty Copeland no respondiera con otra agresión y reaccionara de una manera pensada, tranquila y educada. ¿Fue suficiente? En este caso lo fue, ya que recibió el apoyo de cientos de perfiles. Por desgracia, no todas las respuestas bien formuladas a un agresor pueden recibir la misma empatía.

Otra de las prácticas comunes en redes sociales es "denostar al enemigo". Es decir, se "investiga" un poco del perfil del agresor para demostrar que no tiene autoridad para criticar. Por ejemplo, podemos recordar el caso del futbolista mexicano Javier Hernández, el Chicharito, quien recibió un mensaje muy similar al que molestó a la bailarina:

Parece que la estancia que has tenido en Europa no te ha permitido madurar profesionalmente... Es una pena y vergüenza que personajes como tú representen al futbol mexicano. Si de algo estoy muy seguro, es que no me siento representado por ti, Hernández. Ni hoy, ni nunca.

¿Qué le respondió el jugador de la Selección Nacional al usuario @RealAlanLópez?

Ah ca..., siempre ha sido uno de mis más grandes sueños. Representarte. Chin. No he podido. Mi queridísimo, ching..., ejemplar, único, PERFECTO, hermoso, excelente ser humano, gran mexicano y espectacular profesionista, tan honesto Alan López. Que todo lo mejor te llegue. Abrazo.

El Chicharito —al igual que Misty Copeland— ha destacado dentro de su profesión. Es el máximo goleador de la Selección Mexicana con 50 anotaciones y ha sido reconocido como mejor jugador en distintos torneos. Aunque su intención de "no dejarse", ser sarcástico y defenderse frente al comentario sólo le acarreó más críticas.

¿Debemos defendernos de nuestros detractores?

La polémica acerca de las formas de defenderse en plataformas como Instagram o Twitter siempre ha estado presente. Frente a una cultura en donde se enseñaba "a pegar, si te pegaban", ahora las recomendaciones a los jóvenes de organizaciones como Save the Children señalan:

▸ Si sufres algún ataque o agresión, no respondas.
▸ Guarda los mensajes como prueba. No tienes que abrirlos.
▸ Bloquea el remitente.
▸ Debes contárselo a padres, tutores, profesores o alguien en quien confíes.
▸ Poner una denuncia a través de la propia página web o aplicación. En todas las redes sociales existe esa opción.
▸ Acudir ante la policía.

Y, realmente, en la medida en que podamos aislar al acosador y no dejar que sus comentarios puedan dañarnos estaremos en el escenario ideal. Además, quien agrede generalmente está buscando ver la reacción del otro y ver cómo le ha afectado, por lo que la indiferencia no es lo que espera. El caso de Misty sirve para visibilizar esta problemática, crear empatía y hacer "sentir que no se está solo".

Entre las recomendaciones existe la posibilidad de acudir ante las autoridades a denunciar. El delito de ciberacoso entró en vigor en la legislación federal en 2019. Antes sólo en algunos estados de la República era sancionado. La regulación de estos temas ha sido compleja. Por ejemplo, en 2013 en Nuevo León se intentó una reforma al Código Penal para incluir el "delito de difamación" y tratar así de evitar el *cyberbullying* junto con otro tipo de conductas nocivas. La respuesta vino en forma de críticas muy duras acerca de "sentar en el banquillo de los acusados" la libertad de expresión. Simplemente, se le vio como censura.

El contar con mecanismos legales —y conocerlos— es fundamental para garantizar la protección de derechos, pero esencialmente debemos abordar esta problemática de manera integral y desde una perspectiva de prevención sin tener que llegar a sus últimas consecuencias. Si existe un lugar en donde todos podemos colaborar como sociedad, es el ciberespacio. Después de todo, Wikipedia es el sueño de los enciclopedistas.

Es lamentable que, teniendo una infinidad de oportunidades gracias a las herramientas digitales, usemos estos medios para mostrar la cara menos amable de los seres humanos y sus debilidades, y especialmente cuando éstas se enfocan en los más jóvenes. La Organización de las Naciones Unidas para la Educación, la Ciencia y la Cultura (UNESCO) ha dado a conocer que hay un niño afectado por el ciberacoso por cada 10 en el mundo entre los 11 y los 16 años. Es alarmante: el porcentaje va en crecimiento y las edades son de personas cada vez más pequeñas, pues inician más rápido con el uso de las nuevas tecnologías. Incluso han concluido que internet "se ha convertido en un sitio sin bondad".

Un gran paso es hablar de este problema. La violencia como el *bullying* y el *cyberbullying* se menosprecian y son tratadas como conductas normales, que "forjan el carácter" y que "todos hemos sufrido". Aunque las relaciones sociales implican un enorme grado de complejidad en ciertas etapas —como en la adolescencia, en donde se intenta conocer nuestra personalidad y nuestro lugar en el mundo—, debemos distinguir entre una broma o un comentario sin ánimo de molestar frente a agresiones que pueden dañarnos mental o espiritualmente, o incluso física o socialmente.

Las formas en las que puede presentarse el acoso digital son muchas. El detectarlo de manera inicial es lo mejor, pero puede resultar difícil.

¿Cuáles son los signos de una víctima de ciberacoso?

▸ Problemas escolares: desde un cambio en el desempeño académico, o de las actividades extracurriculares, pasando por menos concentración hasta ausentismo.

▸ Problemas físicos o mentales: ansiedad, depresión, aislamiento, problemas para dormir o el uso de sustancias.

La prohibición del uso de redes sociales —una enorme tentación que tenemos los padres— no necesariamente es la mejor solución. Estamos vinculados a la tecnología para buscar una dirección, comunicarnos en nuestros trabajos, reservar viajes, pedir el supermercado, pagar nuestras tarjetas y enterarnos de lo que sucede en sus grupos escolares o de clases extras. Quizá la clave es el uso de las redes sociales con criterio y responsabilidad. Ello, aunque pudiera ser una meta lejana, no es del todo imposible si nosotros mismos conocemos qué son, cómo sirven y cuáles son sus beneficios y desventajas.

Una de las grandes preguntas es acerca de la edad mínima para utilizar redes sociales. Plataformas como Instagram, Snapchat, WhatsApp y YouTube sugieren que sus usuarios no sean menores de 13 años, la legislación en España establece la edad de 14 años para "proteger datos personales" y la legislación de la Unión Europea menciona 16 años como mínimo para contar con un perfil digital. Dicha barrera es fácil de superar, ya que cualquiera puede falsear los datos al crear una cuenta.

Las empresas han presentado plataformas específicas para los más pequeños como YouTube Kids o, recientemente, Facebook Messenger Kids y los distribuidores sugieren "controles parentales" pero ello no garantiza —como en el caso del "Momo"— que el contenido al que se puede acceder sea adecuado a las necesidades y perfiles de los niños y adolescentes.

No hay "reglas de oro" y tendremos que ver el caso particular para establecer los límites. Lo fundamental es crear canales de comunicación efectivos que nos permitan saber si nuestros hijos o sus amigos han sufrido algún tipo de acoso cibernético y si cuentan con las herramientas para responder a dichas situaciones.

A continuación hacemos unas preguntas para tratar este tipo de situaciones con ellos. Usaremos un ejemplo como el de un hashtag popular en 2013 y luego en 2017 sobre "Hathahaters", pero podríamos hablar del caso de Misty Copeland, Chicharito Hernández,

Taylor Swift y un largo etcétera. Basta con abrir las tendencias en Twitter para darnos cuenta de los temas de interés y si éstos implican algún tipo de escándalo o declaraciones de personajes famosos.

Los "Hathahaters" eran aquellas personas que estaban molestas porque la actriz Anne Hathaway había ganado el Oscar por su papel secundario en *Los Miserables*. Su personalidad les parecía "muy ñoña" frente a Jennifer Lawrence, quien ganó el premio por mejor actriz y quien era, según ellos, "más *cool*". Fueron varios los temas que se discutieron, pero se hablaba de que Hathaway era demasiado citadina, refinada, alegre, sin escándalos y con mayor preparación actoral que Lawrence, quien era mucho más espontánea, divertida, fresca, "decía groserías" y era "nueva" en la industria. Los detractores de Hathaway ponían en tela de duda su popularidad y volvían "sociablemente aceptable" y hasta "festejable" odiar a la actriz y no tanto defender su trabajo.

No existen respuestas correctas a los siguientes cuestionamientos, pero sirven para conocer la opinión de los adolescentes sobre este tema:

- ▶ ¿Has escuchado de los "Hathahaters"?
- ▶ ¿Te parece que las actrices muestran su verdadera personalidad en redes sociales o en entrevistas?

- ¿Por qué siempre molestan a los "ñoños"? ¿Es malo ser distinto a los demás?
- ¿Es justo criticar el desempeño (académico, profesional, artístico, deportivo) de las personas en sus perfiles de redes sociales?
- ¿Deben responderse los comentarios hirientes en internet?
- Anne Hathaway dijo que no podía cambiar su personalidad. ¿Te parece algo valiente o que sólo hará que la molesten más?
- ¿Sus seguidores deben defenderla en redes sociales con otro hashtag?
- ¿Conoces a personas que hayan dicho que no les gusta algo sólo para estar de acuerdo con sus amigos o compañeros o para parecer *cool*?
- ¿Cuál es el peor comentario que has visto en redes sociales? ¿Quién lo dijo? ¿Lo criticaron por ello? ¿Cómo te imaginas que se sintió la persona ofendida?

Para saber más:

"Aprueba Nuevo León tipificar 'cyberbullying'; opositores lo ven como ley mordaza" [en línea]. Disponible en https://www.proceso.com.

mx/343455/aprueba-nuevo-leon-tipificar-el-ciberbullying.

"Chicharito Hernández responde a críticas de aficionado en Twitter" [en línea]. Disponible en https://www.informador.mx/deportes/Chicharito-Hernandez-responde-a-criticas-de-aficionado-en-Twitter-20180724-0164.html.

"Consejos para estudiantes frente al bullying o acoso escolar" [en línea]. Disponible en https://www.savethechildren.es/publicaciones/consejos-para-estudiantes-frente-al-bullying-o-aco-so-escolar.

"Consejos para estudiantes frente al bullying o acoso escolar" [en línea]. Disponible en https://www.savethechildren.es/publicaciones/consejos-para-estudiantes-frente-al-bullying-o-acoso-escolar.

Coronado, L., (2019). *La libertad de expresión en el ciberespacio*. Tirant Lo Blanch: México.

_____, (2017). *La regulación global del ciberespacio*. Porrúa: México.

"Desestiman 300 casos de 'ciberacoso' a mujeres en la Ciudad de México: sólo 34 denuncias fueron procesadas por autoridades capitalinas; sin embargo, ninguna de ellas fue por violentar la intimidad" [en línea]. Disponible en https://www.

publimetro.com.mx/mx/noticias/2019/02/09/desestiman-300-casos-ciberacoso-mujeres-la-ciudad-mexico.html.

"El cerebro de los adolescentes: 6 cosas que usted debe saber" [en línea]. Disponible en https://www.nimh.nih.gov/health/publications/espanol/el-cerebro-de-los-adolescentes/index.shtml.

"En YouTube Kids se subió contenido con imágenes aterradoras: Laura Coronado" [en línea]. Disponible en https://mvsnoticias.com/podcasts/segunda-emision-con-luis-cardenas/en-youtube-kids-se-subio-contenido-con-imagenes-aterradoras-laura-coronado/.

Güell, M. y J. Muñoz, (2000). *Desconócete a ti mismo: Programa de alfabetización emocional*. Paidós: Barcelona.

Gardner, A. "I Was One of Anne Hathaway's 'Hathahaters'—Until Now" [en línea]. Disponible en https://www.glamour.com/story/anne-hathaway-oceans-8.

"Internet, un sitio sin bondad para los jóvenes" [en línea]. Disponible en https://news.un.org/es/story/2019/02/1450561.

"Los miedos y las batallas de Taylor Swift" [en línea]. Disponible en https://elpais.com/elpais/2019/03/07/gente/1551961085_945292.html.

"J. Hernández" [en línea]. Disponible en https://www.goal.com/es-mx/noticias/cuantos-goles-lleva-chicharito-seleccion-mexicana-west-ham/sb635ywfxpk01e6ol4ojyd20h.

"Lucha contra los deep fakes ¿posible?" [en línea]. Disponible en https://idconline.mx/corporativo/2019/01/29/lucha-contra-los-deep-fakes-posible.

Moreno, M. "Cyberbullying" [en línea]. Disponible en https://www.healthychildren.org/English/family-life/Media/Pages/Cyberbullying.aspx

"Misty Copeland and Sean James' beautiful campaign to end bullying" [en línea]. Disponible en https://rollingout.com/2015/08/30/misty-copeland-sean-james-beautiful-campaign-end-bullying/.

"Misty Copeland Pirouettes on Her Haters" [en línea]. Disponible en https://www.elle.com/culture/a19619593/misty-copeland-responds-video-failing-swan-lake-fouettes/.

"Protocolo de actuación en situaciones de bullying" [en línea]. Disponible en https://www.unicef.org/costarica/Documento-Protocolo-Bullying.df.

Una bailarina negra lidera por primera vez el American Ballet" [en línea]. Disponible en https:

//elpais.com/cultura/2015/07/01/actuali-dad/1435745440_065730.html.

"Uno de cada 3 'millennials' sufre 'ciberacoso' en México" [en línea]. Disponible en https://www.eluniversal.com.mx/cartera/uno-de-cada-3-mi-llennials-sufre-ciberacoso-en-mexico.

Capítulo 2

Dime a quién sigues y te diré qué te venden

Kylie Jenner cobra un millón de dólares por post en Instagram. ¿Cómo ha logrado estar en el top de influencers? ¿Se mantendrá por mucho tiempo? Con 20 años y 900 millones de dólares en su cuenta, rompió el récord establecido por el creador de Facebook, Mark Zuckerberg, y es conocida como la multimillonaria más joven de todos los tiempos.

La familia de Jenner, el autollamado "Klan Kardashian", saltó a la fama con un *reality show* que comenzó a transmitirse hace 12 años y lleva 16 temporadas hasta el momento. Su éxito es muy llamativo frente a otros programas que comenzaron a transmitirse en la misma época y cuyos protagonistas han dejado de ser de interés del público.

Prácticamente desde los 10 años Kylie Jenner ha estado frente a la pantalla y sabe cómo manejarla; según dice: "Sería una persona muy distinta si no tuviera a mi familia viviendo lo mismo. En casa, si nos pasamos de la raya enseguida llega alguien a aterrizarnos a la realidad".

Pero como ella misma confiesa, su vida personal y profesional gira en torno a que millones de espectadores alrededor del mundo la observen: "La verdad es que no recuerdo cómo era mi vida cuando no tenía a millones de personas dándome su opinión sobre cualquier cosa que hago".

¿Es real lo que sucede en el mundo virtual? Si lo que publican los youtubers, *stylists* o influencers es susceptible de beneficiarlos económicamente, ¿qué tanto es *marketing*? Como Kylie Jenner señala: "Las redes sociales son una plataforma increíble. Tengo un acceso tan fácil a mis fans y a mis clientes".

Con alrededor de 160 millones de seguidores en sus redes sociales, su influencia en el mercado puede considerarse muy clara. El ejemplo que más escuchamos sobre eso es la ocasión en que Kylie Jenner tuiteó que la plataforma de Snapchat estaba acabada y el efecto inmediato fue que ésta se desplomó en la Bolsa.

¿Quién es un influencer?

Podríamos decir que es una persona con millones de seguidores en sus redes sociales, pero no es tan sencillo. En una era de bots no es suficiente acumular muchos *followers* sino que la interacción con los mismos debe implicar que éstos actúen de determinada forma y, especialmente, consuman ciertos productos.

Podemos observar distintos tipos de influencers:

▸ Las *celebridades* como Kylie Jenner, quienes tienen una exposición mayor. Sus publicaciones garantizan una visualización masiva de productos a nivel global.

▸ Los *expertos*, quienes son considerados como "líderes de opinión" sobre el uso de un producto en un mercado en específico. Aquí podríamos encontrar a los *gamers*. En un mundo en donde cada vez más personas juegan en línea y no sólo los niños, estos influencers obtienen ingresos estratosféricos.

▸ Los *exploradores*, quienes hacen reseñas y recomendaciones a sus seguidores. Alan Estrada es un actor mexicano que con su blog *Alan × el mundo* da consejos a los viajeros y tiene, además de sus patrocinadores, una tienda *online* con todos los productos que alguien puede necesitar para sus vacaciones: desde botas, playeras o gorras hasta conectores o memorias.

No se trata de estigmatizar lo que sucede en el ciberespacio. Muchos influencers pueden sernos de ayuda y no necesariamente tenemos que comprarles algo. El problema con ellos es que su poder puede dañarnos de distintas maneras. No podemos perder de vista que son, más que personas, *empresas*. Por un lado, la imagen que nos muestran no necesariamente es real y mucho menos positiva y, por el otro, pueden establecer conductas agresivas o nocivas como si fueran naturales. Ello se debe a que una de las características de los influencers es que se les considera un referente en alguna área en especial (un deporte, moda, nutrición y un largo etcétera), lo que les da credibilidad.

¿Qué sucede cuando no son realmente expertos en una materia o, peor aún, están supeditados a los intereses de sus patrocinadores? ¿Realmente ellos viven como aparentan en nuestros dispositivos?

Rawvana —una famosa vegana—, quien fue sorprendida comiendo pescado a través de una red social diferente a la suya, es un muy buen ejemplo. A partir de ese "descubrimiento" y la pérdida de patrocinadores, ella se disculpó alegando motivos de salud y desencadenando confesiones de otras personalidades que no cumplían con las dietas que promovían.

Muchos especialistas en nutrición han declarado que sus clientes ahora presentan síntomas de mala alimentación y trastornos en sus hábitos derivados de los consejos seguidos en redes sociales. ¿Podemos poner algo tan importante y delicado como nuestra salud en manos de una página de internet?

Aunque la respuesta debería ser un NO rotundo, el hecho es que existen miles de "Rawvanas" en el mundo digital. Al igual que en la página y redes sociales de esta vegana, hay otros perfiles que ofrecen consejos gratuitos, la promoción de marcas "sanas", los beneficios de ciertos alimentos y la venta de libros descargables (*e-Books*) con ejercicios y consejos de nutrición. Dicen que están probados y que a ellos y a cientos de personas les han sido útiles, aunque en realidad carecen de sustento. Incluso algunos brindan —a cambio de una mensualidad o pago único— programas "personalizados" o asesorías por mensajería instantánea.

¿Cuáles son sus credenciales? El "vivir" su propio estilo de vida. En la mayoría de las ocasiones haber sufrido sobrepeso o desórdenes alimenticios, lo cual es el primer paso descrito para "conocer su experiencia" y ver, a partir de sus logros y frustraciones, el método que supuestamente les ha ayudado. Casi todos estos influencers carecen de una formación seria en el área en la que están asesorando vía remota y, desgraciadamente, tampoco conocen las diferentes necesidades y particularidades de sus seguidores.

El caso de la nutrición es sólo uno de los muchos ejemplos del poder de los influencers. Existe una larguísima lista de redes sociales que aconsejan sobre fitness, deportes, hábitos para bebés y niños, belleza, temas empresariales o financieros, espiritualidad, viajes, restaurantes, entre muchísimos más. Todos ellos respaldados simplemente por la cantidad de personas que los siguen y que les confieren popularidad y confiabilidad.

Las redes sociales siempre deben ser vistas con responsabilidad y criterio, como decíamos. El que los usuarios tengamos más y mejores opciones es una de las grandes ventajas, claro, si no olvidamos qué es lo que estamos buscando en el ciberespacio, a quiénes seguimos y por qué.

Un caso, quizá de los más lamentables, es el del rapero QBA, quien tenía en su canal de YouTube alrededor de 80 videos publicados, más de 19 millones de reproducciones de los mismos y alrededor 121 mil suscriptores. A pesar de no ser un influencer global, su cuenta de Facebook sumaba más de 48 mil likes, lo cual nos habla de que tenía muchos seguidores a quienes les compartía sus fotos, canciones y convocaba a conciertos. Por desgracia, sus videos reflejaban mucha agresividad y están enmarcados por letras sobre pobreza, violencia y muerte. Por ejemplo, en el que publicó en 2016, titulado "Descanse en paz", vemos una historia en la que se está torturando a una persona maniatada y con el rostro tapado, a quien al final le prenden fuego.

Christian Omar Palma Gutiérrez, el verdadero nombre de este joven de 20 años, trascendió en los medios de comunicación tras su confesión en el crimen de tres estudiantes desaparecidos cerca de la ciudad de Guadalajara. Omar indicó a las autoridades que había disuelto sus cuerpos en ácido (coloquialmente se les llama "pozoleros" a quienes cometen ese tipo de actos delictivos) y que ya había participado en otro homicidio por parte del crimen organizado.

¿Sus videos debieron ser censurados? ¿Sus seguidores no se percataron que podría estar inmiscuido en el crimen organizado? ¿Por qué tenía tantas reproducciones un contenido que incitaba a la violencia? ¿De seguir con sus publicaciones hubiera acercado a más personas a la delincuencia?

Indudablemente Kylie Jenner muestra el lado menos nocivo de los influencers, pero ello no quiere decir que todas las personas con un grado de popularidad enaltezcan valores o sean ejemplos a seguir. Como mencionábamos, el ciberespacio es un "lugar" para todos los que formamos parte de la sociedad y en él encontraremos todo tipo de contenidos, para bien y para mal.

¿El ciberespacio es un mercado?

Los famosos *giveaways* son un gran ejemplo de que "según a quién sigas, verás lo que te venden" ya que la nueva forma de hacer *marketing* es recurrir a una de las técnicas más usadas por los comerciantes: los regalos promocionales. Con estos sorteos pueden mostrar las ventajas de un producto y conocer a los posibles consumidores del mismo, ya que han mostrado un interés inicial por él. No hay que olvidar que a todos nos gusta sentir que ganamos, ahorramos o recibimos algo gratis. Es una forma muy económica para que pasemos la voz sobre un producto y es tangible el crecimiento de un perfil de redes sociales después de hacer una promoción.

Nos encontramos frente a una nueva forma de vivir gracias a la tecnología. La manera de hacer negocios ha cambiado desde que internet se ha convertido en un elemento esencial de nuestra vida diaria. Y así como nos ofrece grandes ventajas al estar frente a un medio universal con información al instante, sin barreras geográficas e interactuar inmediatamente dentro del mismo, también implica enormes complejidades.

El ciberespacio es más que un mercado, ya que las relaciones dentro de él van más allá de los intereses comerciales, pero, en definitiva, incluye la posibilidad de convertirnos en consumidores instantáneos. Después de todo, como dice el refrán, "de la vista nace el amor".

Estamos expuestos a una enorme cantidad de páginas, videos, imágenes, y no por ello somos realmente una "sociedad del conocimiento". Internet nos acerca a un mayor número de posibilidades, pero refleja mucho lo que somos como sociedad.

Según Google Trends, en 2018 a nivel internacional los temas más consultados fueron desde el Mundial de Futbol, la muerte de Stan Lee y el huracán *Florence*, hasta la boda real y los resultados de las elecciones. En México las tendencias incluyen acontecimientos como los debates presidenciales o el Buen Fin y personas como Freddie Mercury y Mariana Yazbek. De ahí la importancia de analizar nuestra interacción dentro del ciberespacio. Después de todo, nadie sabe más de nosotros que Google.

¿Por qué Kylie Jenner tiene tantos seguidores? El fenómeno de la familia Kardashian es notable y puede deberse a factores como la identificación con los "personajes", pero también en gran medida a un fenómeno que podríamos denominar como el "síndrome de Big Brother", que consiste en una tendencia entre los jóvenes a identificar a celebridades sin que hayan logrado grandes metas. Se llama así por el nombre de un programa en donde gente común mostraba su interacción dentro de una casa con desconocidos. Su éxito deriva en que cualquiera podría ser famoso sin esforzarse, sólo estando en el lugar indicado.

¿Qué es lo que podemos observar en la cuenta de Instagram de Kylie Jenner?

Con casi seis mil publicaciones en abril de 2019, casi todos sus posts son *selfies*, portadas de revistas en donde aparece, colores de uñas, sus productos cosméticos, bolsas, zapatos, fotos con su hija y con su esposo y algunas con sus hermanas. ¿Qué es lo que la vuelve extraordinaria frente a las miles de personas que postean este tipo de contenidos? La publicidad.

Todos recibimos cientos de mensajes publicitarios, por lo que nos hemos vuelto menos permeables frente a ellos y estamos constantemente buscando ser más "personalizados" en nuestros servicios y productos. Irónicamente, en una sociedad con más información y posibilidades, nos hemos convertido en consumidores más homogéneos.

En México los contenidos de los influencers no son muy distintos. Por ejemplo, Yuya cuenta con alrededor de 23 millones de suscriptores en su canal de YouTube. En él, la influencer mexicana más vista incluye tutoriales de maquillaje, moda y su estilo de vida.

¿Qué consumimos? ¿Por qué nos volvemos adictos al celular?

La mayor parte del tiempo consumimos contenidos y el desarrollo de las redes sociales ha generado otro fenómeno, que es el llamado FoMO o "Fear of Missing Out". Es un miedo latente de "perderse algo" por no estar conectado en la red. Se ha convertido en una ansiedad propia de nuestra época, y según algunas estadísticas, todos tenemos una mayor o menor propensión a este síndrome al estar dentro del 56% de usuarios de redes sociales que no pueden apartar la mirada del celular durante varios minutos.

Los datos más recientes nos indican que los mexicanos pasamos alrededor de ocho horas diarias en internet, pero 64% de los usuarios encuestados por Internet.mx señalaron "estar conectados durante todo el día", siendo los horarios de mayor tráfico en internet al comenzar y terminar las jornadas, es decir, de seis a nueve horas y de 21 a 24 horas, tiempo que pensaríamos que estaría dedicado más bien a la familia u otras actividades.

¿Cuáles son los focos rojos para saber si sufrimos de FoMO?

▶ Tienes dolores de cabeza frecuentes.

▶ Insomnio u otros problemas para dormir.

▶ Tus niveles de estrés se han elevado.

▶ Te distraes más fácilmente o te falta concentración.

▶ Dejas de hacer cosas o llegas tarde porque no notaste el tiempo que pasaste viendo las redes sociales.

El problema no es sólo el tiempo que pasamos en internet, sino que la mayor parte del contenido en redes sociales solamente muestra "el lado amable", lo que puede crear la distorsión de que los demás consideren nuestra vida "demasiado interesante" o nosotros pensemos que la nuestra es mucho más aburrida frente a las actividades que desarrollan los demás.

Al ser sociables por naturaleza, resulta lógico hasta cierto punto que tengamos miedo a la exclusión, es decir, a perdernos algo, pero hemos llegado a grados tales como romper récords de un millón de seguidores en Instagram en menos de seis horas para ver la cuenta del príncipe Harry y su esposa Meghan Markle en la víspera de la llegada de su primer bebé.

El propio príncipe Harry advirtió sobre los peligros de las redes sociales: "Son más adictivas que las drogas y el alcohol y más peligrosas porque están normalizadas y no tienen restricciones." Pero, a la vez, las redes sociales nos otorgan grandes ventajas al acercarnos a familiares o amigos en otras regiones o permitiéndonos conocer lugares, culturas o eventos que antes no estaban, literalmente, al alcance de nuestras manos. El uso y moderación que les demos hará la diferencia.

A continuación te proponemos que realices un pequeño sondeo para conocer los tipos de perfiles que siguen tus familiares y por qué les interesan dichas personas. ¿Se parecen sus resultados a los tuyos?

1) ¿Qué tipo de perfiles sigues?
   a) Deportistas
   b) Cantantes
   c) Políticos
   d) Amigos
   e) Marcas
   f) Lugares

g) Familiares

h) Otro

2) ¿Por qué te identificas con ellos o los sigues?

   a) Sus publicaciones son graciosas o ingeniosas y mejoran tu humor con verlas.

   b) El contenido que suben te es útil, te ayuda a realizar alguna actividad o conocer de un tema que te interesa.

   c) La mayoría de tus amigos los sigue y quieres estar enterado de lo mismo que ellos ven.

   d) Otro motivo, ¿cuál es?

3) ¿Qué tipo de contenido subes?

   a) *Selfies*, imágenes de tu vida personal, comentarios de actualidad.

   b) Imágenes de los lugares a los que acudes.

   c) Fotos o videos de comida, ejercicios, *hobbies*.

   d) Frases o imágenes motivacionales.

   e) Otro tipo, ¿cuál es?

4) ¿Cuál es tu reacción cuando te quedas sin batería en el celular?

   a) Te sientes ansioso por conseguir que alguien te preste su teléfono.

   b) Te muestras irritable si no consigues recargar el celular.

c) No te gusta la idea y te sientes desprotegido o inseguro.

d) Piensas que no pasa nada y que antes no existían los teléfonos móviles.

e) Otro tipo de emoción, ¿cuál es?

Para saber más:

"Cómo logré que me pagaran por viajar" [en línea]. Disponible en https://alanxelmundo.com/como-logre-que-me-pagaran-por-viajar/.

"Dr. Andrés Roemer: ¿Por qué mentimos?" [en línea]. Disponible en https://www.youtube.com/watch?v=MOH74q1sFuk.

"El rapero QBA confesó que disolvió en ácido a los estudiantes de cine mexicanos por una suma miserable" [en línea]. Disponible en https://www.infobae.com/america/mexico/2018/04/25/el-rapero-qba-confeso-que-disolvio-a-los-estudiantes-de-cine-mexicanos-por-una-suma-miserable/.

"Google Trends: Descubre qué está buscando el mundo" [en línea]. Disponible en https://trends.google.com.mx/trends/?geo=MX.

"Hábitos de Usuarios de Internet en México 2018: Estudio de la Asociación de Internet.MX" [en línea]. Disponible en https://www.asociacion-deinternet.mx/es/estudios.

"Kylie Jenner: 20 años y una fortuna de 900 mdd" [en línea]. Disponible en https://www.forbes.com.mx/kylie-jenner-20-anos-y-una-fortuna-de-900-mdd-kardashian/.

"Kylie Jenner: 'No recuerdo cómo era mi vida cuando no tenía a millones de personas opinando sobre mí' " [en línea]. Disponible en https://smoda.elpais.com/celebrities/kylie-jenner/.

"Los 15 YouTubers más famosos de México 2019" [en línea]. Disponible en https://marketing4ecommerce.mx/youtubers-mas-famosos-de-mexico/.

"QBA, el rapero que presuntamente disolvió en ácido a estudiantes de cine" [en línea]. Disponible en https://www.24-horas.mx/2018/04/24/qba-rapero-presuntamente-disolvio-en-acido-a-estudiantes-cine-fotos-video/.

"¿Qué es el FoMO?" [en línea]. Disponible en https://www.muyinteresante.es/curiosidades/preguntas-respuestas/que-es-el-fomo-751463552810.

Ramírez, R., (2013). "Posibles efectos provenientes del uso excesivo de la comunicación inalámbrica". *Revista Iberoamericana de las Ciencias de la Salud*, México.

"Rawvana: la polémica por la 'youtuber vegana' con millones de seguidores que fue sorprendida comiendo pescado" [en línea]. Disponible en https://www.bbc.com/mundo/noticias-47715190.

"Top 10 Gamers on Youtube You Should Subscribe to" [en línea]. Disponible en https://neoreach.com/top-gamers-youtube/.

Capítulo 3

#TBT: lo que sucede en la red no se queda en la red

En el verano de 2015 HSBC despidió a seis emplea-dos después de que publicaron en sus redes sociales un video realizado dentro de las instalaciones del banco. ¿Qué contenía dicha publicación que moles-tara tanto a la institución financiera y los usuarios de las redes?

Al terminar una capacitación de personal, el equi-po de Birmingham utilizó trajes negros, pasamonta-ñas y un atuendo naranja para bromear acerca de las muertes ocasionadas por el Estado Islámico. Más allá de que se encontraban en su centro de trabajo, ¿era una buena idea hacer una parodia sobre una ejecución? ¿Estaban simplemente ejerciendo su libertad de expresión?

El "mal gusto" es prácticamente imposible de definir. En los últimos años hemos visto cómo la sociedad se ha vuelto menos "sensible" con algunos temas, y esto refleja mucho los intereses que tenemos como comunidad. Los parámetros de lo "aceptable" pueden cambiar con la moda, por factores socioeconómicos o edades, o bien, ser diferentes entre distintas culturas. Es más, muchos contenidos digitales se encuentran en el límite de lo cursi o infantil, lo vulgar y lo ofensivo.

Pero existen valores —como la vida— que deben ser protegidos sin importar el tiempo o el lugar. No podemos normalizar, o peor aún, trivializar una ejecución u otras conductas que van en contra de la dignidad de las personas. Quizás otro ejemplo mucho más alarmante de la insensibilidad en el mundo virtual es el caso de un youtuber que fue llevado a juicio por burlarse de un mendigo frente a sus seguidores. Lo más sorprendente: durante el proceso —en donde se le condenó a 15 meses de prisión— mencionaba una y otra vez que no entendía por qué lo querían sancionar.

Una de las áreas más importantes del ciberespacio es su parte comercial. De hecho, desde sus inicios, muchos de sus detractores lo han catalogado sólo como una herramienta más para vender. Como ya hemos visto, lo que sucede en este metaespacio va mucho más allá de cuestiones publicitarias, pero no perdamos de vista que siempre puede existir un trasfondo monetario.

Los "valores" que ahora se enaltecen en las redes sociales para "mejorar la experiencia del usuario" son el atractivo estético y sensorial, la atención, la novedad o la interactividad. Éstos no necesariamente van de la mano de la honestidad, el respeto o la lealtad. Lo importante es que el usuario esté "comprometido" con una marca o producto, y esto lamentablemente permea en otras áreas dentro de internet, como las relaciones sociales.

Lo que sucede en las redes no se queda en las mismas. Su propia naturaleza —su inmediatez, su cercanía, su falta de regulación— permite que los contenidos se compartan, distribuyan, utilicen sin mayores controles o autorización de quien "inició la conversación". Una muestra muy sencilla es la de las imágenes de Cardi B y el famoso meme "Dice mi mamá que". La rapera fue la encargada de publicar la primera imagen en su cuenta de Instagram en donde decía la famosa frase seguida de: "tienes que jugar conmigo". En ese momento se convirtió en viral toda vez que muchos tuvimos el hermano o hermana que se apoyaba en la autoridad para que hiciéramos lo que quería.

¿Qué habría sucedido si ella hubiera querido evitar que su imagen —captada cuando tenía cinco años— siguiera difundiéndose?

Este fenómeno lleva tantos años como el propio internet. Ya en 2007, durante la Cumbre Iberoamericana de Jefes de Estado en Santiago de Chile, el entonces rey de España, Juan Carlos I, le pidió enérgicamente al entonces presidente de Venezuela, Hugo Chávez, que guardara silencio con su famoso: "¿Por qué no te callas?" La frase dio la vuelta al mundo en segundos y aparecieron de inmediato *ringtones* con miles de descargas. Más recientemente aparecieron memes del "Lic. Valeriano", un usuario de redes sociales que compartió la imagen de su despacho de abogados con un logo idéntico al de la firma francesa Louis Vuitton. Su nombre e imagen se volvieron *trending topic* por unos días, pero él pidió que se le dejara de molestar.

¿Qué ha sucedido a nivel legislativo desde ese famoso momento del "¿por qué no te callas"?

Prácticamente nada. Las imágenes que circulan en redes sociales pertenecen a la plataforma en la que nosotros voluntariamente las subimos y nada es un obstáculo para que una vez que estén en internet sean guardadas, compartidas, utilizadas o comercializadas por la propia plataforma o sus usuarios.

Más allá de los problemas jurídicos que implicaría —y de los mecanismos legales para proteger derechos como la imagen, el honor o la intimidad—, lo que es un hecho es que los posts, una vez que los publicamos, podrán quedar en uno o varios dispositivos, aun cuando los editemos o pretendamos eliminarlos.

¿Cuál es el poder de esta memoria virtual?

El popular hashtag #TBT (Throwback Thursday) surgió desde 2006 cuando una página de calzado deportivo creó una sección con ese título para incluir los modelos que, a pesar del tiempo, seguían siendo recordados. Dicho hashtag se viralizó tiempo después —hasta 2011— cuando un usuario lo utilizó para mostrar su colección de juguetes Hot Wheels en

Instagram. A partir de ese momento las siglas TBT comenzaron a ser empleadas los jueves para compartir alguna imagen de la niñez o un momento importante registrado en el pasado hasta llegar a más de 561 millones de menciones para febrero de 2021.

En marzo de 2015 Facebook lanzó la funcionalidad *on this day* o, en su versión en español, "un día como hoy", siendo un éxito rotundo para la aplicación cuando empezaba a verse superada por los contenidos de Instagram. ¿Por qué vende tanto el tema de los recuerdos?

Como decía el famoso personaje de Don Draper en la serie de *Mad Men* acerca del *marketing* a partir de los recuerdos: "lo nuevo" es la idea más importante en publicidad, pero hay un vínculo más profundo con un producto, y eso es "la nostalgia". Y claro, a todos nos gusta ver de nuevo las imágenes del viaje que hicimos hace unos años en la pantalla del celular y, especialmente, volverlas a compartir.

La popularidad del #10yearchallenge es un ejemplo muy claro. El propósito de ese "reto" era compartir dos imágenes que, como su nombre lo indica, mostraran una foto de 2009 y otra de 2019. En tan sólo tres días, el hashtag consiguió 3.5 millones de menciones. La mayoría de los usuarios aceptaba el reto, pero perdía de vista que al subir las imágenes dejaban de pertenecerle. Algunas voces trataron de alertar sobre las implicaciones del uso inadecuado del reconocimiento facial y los riesgos a la privacidad con la información que nosotros mismos proporcionamos. En su mayoría fueron catalogadas como de "paranoia" y minimizadas por Instagram.

En contraste, no todos los recuerdos son deseados y Facebook tuvo que permitir ciertos filtros para evitar "recuerdos desagradables" como la muerte de un hijo o el rompimiento de una relación sentimental. Pero ¿qué sucede cuando no podemos controlar la información que viaja en la red? Ahora existe un nuevo *hobbie* para muchas personas: arruinar la carrera de alguien rastreando tuits viejos, bromas o comentarios ofensivos en las redes sociales.

Aunque hay muchos deportistas que han tenido que disculparse por publicaciones hechas cuando eran adolescentes, quizás el ejemplo más emblemático es el del director de cine James Gunn, quien fue separado de los estudios Disney durante unos meses en medio de una fuerte polémica. Tras descubrirse viejos tuits en donde el también guionista de *Guardianes de la Galaxia* se burlaba de temas como la pedofilia y la violación, el presidente de Walt Disney Studios señaló que eran "indefendibles" y "en contra de los valores de nuestro estudio". Las declaraciones tenían más de una década de su publicación en Twitter, pero el director tuvo que ofrecer una amplia disculpa:

Mucha gente que ha seguido mi carrera sabe que cuando empecé me veía más como un provocador, hacía películas y bromas que buscaban crear controversia. Como lo he mencionado públicamente en varias ocasiones, he evolucionado como persona, y también lo ha hecho mi trabajo y mi humor. No quiero decir que ahora soy mejor, pero soy muy, muy diferente de lo que era hace unos años; hoy trato de centrar mi trabajo en el amor y la conexión y menos en la ira. Mis días de decir algo sólo porque era controversial con el fin de obtener una reacción han terminado. En el pasado me he disculpado por este humor que dañaba a la gente. Realmente lo siento y cada una de las palabras de mis disculpas son reales. Para que quede claro, cuando hice esas bromas realmente no las estaba sintiendo. Sé que es una declaración extraña y parece obvia, pero aun así, aquí estoy, diciéndolo. De todos modos ésta es la única y honesta verdad: solía hacer muchas bromas ofensivas. Ya no lo hago. No culpo a mi yo del pasado por esto, pero ahora me gusto más y me siento como un ser humano y creador más completo hoy en día. Los amo a todos.

En gran parte, su regreso a Marvel (una franquicia de Disney) se debió a que los fans y el elenco de *Guardianes de la Galaxia* lo habían respaldado tras su nuevo pronunciamiento y porque, además, había negociado con DC y Warner para dirigir otras películas. No todos tendremos el apoyo que tuvo James Gunn, pero todos corremos el riesgo de que lo que publiquemos tenga efectos que no deseamos.

Los ejemplos de los políticos que han tenido que borrar sus tuits en cuestión de segundos son muchos. En esta ocasión señalaremos sólo uno de los múltiples casos que ha tenido el expresidente de Estados Unidos, Donald Trump, ya que es el líder que ha hecho de las redes sociales una de sus vías de comunicación predilectas. A unos días de finalizar su mandato, comenzó a difundir comentarios sobre fraude electoral y retuitear mensajes de cuentas conspiracionistas. El desenlace, altamente mediatizado, fue la toma del Capitolio por un grupo radical de sus simpatizantes que decían ser invitados por Trump. Twitter, Facebook —y hasta Spotify— decidieron congelar sus cuentas hasta la toma de posesión del ahora presidente Biden para evitar nuevos actos violentos.

El debate sobre la censura de las redes a Trump continua, sin embargo, no se ha violado el derecho a informarnos ya que todo lo "borrado" por el exmandatario y las plataformas sigue circulando. Cifras entre 2009 y 2018 señalaban que Trump había borrado 408 tuits, 189 como presidente. Aunque ahora la ley se lo impedía, en enero de 2021, eliminó los tuits en donde criticaba a su propio Vicepresidente por no apoyarlo. Aunque él deseara que dejaran de existir, ha dejado una "huella digital". Si quisiéramos verlos, es suficiente hacer una búsqueda rápida en Google para encontrarlos.

Así nos percatamos de que lo que sucede en la red trasciende el mundo virtual. En 2015 se inició un debate cuando Twitter decidió dar de baja 31 cuentas que publicaban tuits de políticos bajo el argumento de que "todos tenemos derecho a retractarnos". En contraste, dos años después, el Congreso de Estados Unidos comenzó a exigir que ninguna de las publicaciones del expresidente —aun por faltas de ortografía— se eliminaran, ya que su legislación obliga a que todas las comunicaciones del presidente en turno queden asentadas en el "Acta de Documentos Presidenciales".

Más allá del debate que pudiéramos tener sobre el valor noticioso o el interés público en los tuits del expresidente Trump, su cuenta refleja que todos estamos expuestos a que nuestros contenidos sean mostrados, aun cuando los hayamos retirado. En los próximos años estaremos hablando sobre nuestra "identidad digital", la cual ya es parte de nuestra personalidad y la "carta de presentación" no sólo para nuestros amigos o seguidores sino para todo nuestro entorno. En el ámbito laboral, empresas como OCCMundial han señalado que en Facebook pueden rastrearse los intereses, *hobbies*, idiomas e incluso conocimientos generales de los candidatos a un puesto. Las fotos, videos y estados pueden influir en la decisión del empleador en la era digital.

A diferencia de un *curriculum vitae* o las referencias escolares o profesionales, indudablemente en redes sociales mostramos —sin mayor recato— nuestras posturas políticas, preocupaciones, amistades, actividades, lugares que visitamos y un sinnúmero de datos. Para bien y para mal, todo queda registrado y puede ser visto.

Se puede decir que nuestra identidad digital será nuestro "cv Social", ya que en un mundo laboral en donde cada vez más se valora la inteligencia emocional y las habilidades sociales las plataformas ofrecen información actualizada sobre red de contactos, empresas de interés, opiniones, valores frente a datos del pasado contenido en el currículum.

Es importante resaltar que no se trata de tener varios perfiles (uno "real" y otro para propósitos laborales) o de no tener redes sociales. Por el contrario, el ciberespacio es una revolución a la que no podemos dar marcha atrás, pero sí debemos ser conscientes de sus riesgos y aprovechar todos sus beneficios. En el plano educativo, las redes favorecen el aprendizaje a nuestro propio ritmo, el trabajo en equipo, contacto con expertos, acceso a posturas o visiones diferentes, miles de páginas y blogs gratuitos, y todo ello dentro de un ambiente sumamente interactivo.

¿Cuáles son los efectos positivos de las redes sociales?

1. Como mencionábamos, el aprendizaje puede ser uno de los grandes beneficios. En un universo en donde las aplicaciones y páginas web para aprender otros idiomas, reforzar las habilidades lingüísticas o estudiar Historia o Matemáticas se multiplican diariamente, las posibilidades son infinitas. Las muestras de ello son muchas, como Khan Academy, Duolingo o Ted Talks.
2. El contraste de ideas y una mayor participación en temas de actualidad. Las generaciones

actuales contamos con mayores herramientas para conocer otras perspectivas y poder formar nuestro criterio con datos e información que puede consultarse de manera inmediata y a través de miles de fuentes.

3. Una mayor creatividad con el impulso de las nuevas tecnologías. Desde muy temprana edad, los niños pueden compartir experiencias y habilidades volviendo más interactiva su forma de relacionarse.

¿Cuáles son los riesgos?

Como veremos a lo largo de este libro, una hiperconexión puede ir de la mano con el aislamiento, cuadros de ansiedad o depresión, violencia, pérdida de experiencias y de una comunicación directa con las personas que nos rodean.

¿Qué pasos debemos seguir para tener una "huella digital" sana?

▸ Conocer y configurar los perfiles sociales de acuerdo con la red (Twitter, Instagram, Facebook) a la que pertenecen e informarse sobre sus opciones de privacidad.

▸ Reflexionar antes de publicar: ¿Es algo importante? ¿Está bien redactado? ¿Puede malinterpretarse? ¿Quién puede verlo? ¿Quiero que se vea dentro de unos años? ¿Lo diría en público? ¿Puede afectar mi reputación?

▸ No publicar ni compartir información sobre otras personas sin su autorización.

▸ Analizar las conductas de nuestros amigos o seguidores, ya que forman nuestro entorno digital y por lo tanto son parte de nuestro perfil.

▸ No proporcionar demasiada información personal de manera abierta en la web, para evitar el "robo de identidad".

▸ Respetar las opiniones y comentarios de los demás.

¿Cuál ha sido la broma más absurda que has realizado? ¿Te gustaría que alguna broma que tú hayas sufrido fuera de acceso público?

Las bromas son parte de la cultura mexicana. Todos hemos hecho y sufrido por ellas desde la infancia, pero una "mala broma" puede ocasionar la pérdida de un empleo o comprometer el futuro de los involucrados cuando las redes están documentándolas. Mientras que en la "vida real" una broma dura un instante, el ciberespacio permite que el mismo momento se reproduzca cientos de veces y frente a los ojos de miles de personas.

No necesariamente tiene que ser algo pesado lo que nos ponga en evidencia, pero, en el fondo, no siempre nos gusta que se rían de nuestras anécdotas. ¿Cuántas veces una abuela o un amigo de la infancia han comentado algo sobre tu niñez que no cuentas a todo el mundo?

Para saber más:

"#10YearsChallenge: los inesperados usos que Facebook e Instagram pueden dar a tus fotos en este reto viral" [en línea]. Disponible en https://www.bbc.com/mundo/noticias-46900278.

"A 10 años del famoso '¿Por qué no te callas?' " [en línea]. Disponible en http://www.telam.com.ar/notas/201711/221460-por-que-no-te-callas-chavez-rey-juan-carlos-10-anios.html.

Ballesteros, Carlos., "El índice de engagement en redes sociales: una medición emergente en la comunicación académica y organizacional". Universidad de Valladolid: *Revista Razón y Palabra*. Junio de 2018.

"Disney se arrepiente y vuelve a contratar a James Gunn, quien regresará a Marvel para dirigir 'Guardianes de la Galaxia Vol.3' " [en línea]. Disponible en https://www.xataka.com/cine-y-tv/disney-se-arrepiente-vuelve-a-contratar-a-james-gunn-quien-regresara-a-marvel-para-dirigir-guardianes-galaxia-vol-3.

"Elecciones en EEUU: el polémico tuit borrado por el que Donald Trump es acusado de antisemita" [en línea]. Disponible en https://www.bbc.com/mundo/noticias-internacional-36708155.

"El tuitómetro de Trump: las estadísticas más reveladoras de la cuenta de Twitter del presidente" [en línea]. Disponible en https://cnnespanol.cnn.com/2018/11/01/el-tuitometro-de-trump-las-estadisticas-mas-reveladoras-de-la-cuenta-de-twitter-del-presidente/#borrados.

"El 'youtuber' que humilló a un mendigo alega que era 'en plan de coña' " [en línea]. Disponible en https://elpais.com/ccaa/2019/05/08/catalunya/1557299041_552258.html.

"HSBC despide a seis trabajadores por un vídeo de simulacro de ejecución del Estado Islámico" [en línea]. Disponible en https://www.abc.es/internacional/20150707/abci-mock-isis-ejecucion-201507071129.html.

Gómez Aguilar, M., *et al.* "El uso académico de las redes sociales en universitarios". Universidad de Málaga: *Revista Comunicar* núm. 38: Alfabetización mediática en contextos múltiples.

"La historia detrás del meme 'dice mi mamá' " [en línea]. Disponible en http://los40.com.mx/los40/2018/07/16/moda/1531757987_744347.html.

Sánchez, A. M., "Bromas de mal gusto" [en línea]. Disponible en http://www.comoves.unam.mx/numeros/deletras/231.

"Mad Men: Don Draper, Nostalgia" [en línea]. Disponible en https://www.youtube.com/watch?v=Qnaxec4tQ78.

"Preocupa al Congreso de Estados Unidos tuits borrados por Trump" [en línea]. Disponible en https://lopezdoriga.com/internacional/preocupa-al-congreso-de-estados-unidos-tuits-borrados-por-trump/.

"¿Qué es #TBT?: la tendencia que pone a la gente a recordar" [en línea]. Disponible en https://www.semana.com/tecnologia/articulo/que-es-tbt/562580.

"Reclutadores toman en cuenta redes sociales para contratar" [en línea]. Disponible en https://www.eleconomista.com.mx/finanzaspersonales/Reclutadores-toman-en-cuenta-redes-sociales-para-contratar-20180610-0039.html.

"Redes sociales, imprescindibles en el reclutamiento" [en línea]. Disponible en https://br.escueladenegociosydireccion.com/business/rr-hh/redes-sociales-imprescindibles-en-el-reclutamiento/.

"Twitter cancela otras 31 cuentas que publicaban tuits eliminados de políticos" [en línea]. Disponible en https://www.etcetera.com.mx/internacional/twitter-cancela-otras-31-cuentas-que-publicaban-tuits-eliminados-de-politicos/.

Capítulo 4

Espejito, espejito: las *selfies* llegaron para quedarse

"Espejo, espejo mágico, dime una cosa, ¿qué mujer de este reino es la más hermosa?"

El famoso cuento de los hermanos Grimm, junto con la versión de Disney de *Blancanieves*, inmortalizaron la figura de una reina malvada, egoísta, y especialmente vanidosa, que le preguntaba a su espejo mágico si su belleza tenía algún tipo de competencia.

¿Qué sucedió para que ahora quienes consultamos las redes sociales sobre nuestra imagen no nos sintamos como una madrastra? ¿Qué sentimos cuando no escuchamos: "Usted, majestad, es la mujer más hermosa de este reino y de todos los demás" a través de likes?

Una de las críticas más fuertes a los usuarios más jóvenes —mujeres y hombres— es que se han convertido en narcisistas gracias a las *selfies*. ¿Son sólo vanidad o reafirmación de autoestima? ¿En realidad se les ha dado más importancia de la que tienen?

El narcisismo es un trastorno de la personalidad que consiste en el amor que siente una persona por sí misma de manera exagerada. Dicha admiración por su propio aspecto físico —o sus cualidades— lo hacen indiferente a los sentimientos de los demás. Pero detrás de esa fachada de seguridad, e incluso prepotencia, encontraremos una enorme fragilidad en la autoestima de la persona y una vulnerabilidad preocupante ante las críticas que pudiera recibir.

Incluso existen estudios psicológicos que demuestran que las personas narcisistas tienen relaciones conflictivas, pues buscan una atención excesiva, se comportan de manera arrogante, se creen superiores y buscan satisfacer sus necesidades manipulando a los demás. ¿Somos una generación sin empatía hacia las personas que nos rodean?

¿Nuestra vida vale sólo una foto?

Con esta última pregunta, Meenakshi MoorThy publicaba en Instagram una imagen sentada al borde del Gran Cañón semanas antes de morir. Ella y su esposo, Vishnu Viswanath, compartían a través de sus redes sociales y el blog *Holidays and Happily Ever Afters* sus viajes a sitios de aventura. Todo ello poco antes de que ambos fallecieran al caer de un acantilado en el parque de Yosemite. La pareja de origen hindú que radicaba en Estados Unidos es tan sólo uno de los casos. Hasta el momento hay 259 personas que han perdido la vida por tomarse una *selfie*. Seguramente existen muchos casos más, cuyos accidentes no han llegado a medios de comunicación o que no existe una prueba clara (la foto) previa a su accidente o incluso fallecimiento, para ser incluidos en la estadística.

Caer 245 metros desde el Taft Point, un área escarpada y sin barandilla, por obtener una imagen podría parecernos ilógico desde cualquier punto de vista. Pero, al igual que la pareja, las muertes y lesiones derivadas de las distracciones por captar un momento tienen ese común denominador. Choques en automóvil, atropellamientos por trenes, accidentes en los baños, ataques de animales o caídas de edificios, puentes o escaleras de centros comerciales son sólo algunos ejemplos. Estamos frente a una nueva práctica: los *daredevil selfies*, aquellas personas que anteponen un autorretrato en un sitio peligroso frente a su seguridad.

Por ejemplo, las estadísticas son muy claras sobre el tiempo que manejamos a ciegas por estar interactuando a través del celular mientras conducimos:

▸ 7 segundos en marcar un número de teléfono equivale a avanzar 200 metros en un vehículo que circula a 100 km/h, lo que sería igual a cuatro piscinas olímpicas.

▸ 10 segundos en enviar un mensaje de texto, que sería lo mismo que recorrer 12 canchas de tenis o 280 metros.

▸ 14 segundos por tomarse una *selfie*, que podría considerarse como darle una vuelta a una pista de atletismo, o sea, 400 metros.

▸ 20 segundos en revisar redes sociales, lo que implicaría conducir 560 metros o una distancia de cinco canchas de futbol.

¿Y todo por obtener un like?

Aunque aún estamos en el terreno de lo especulativo, porque las redes sociales son un fenómeno relativamente reciente, existen distintos estudios que hablan de la adicción a las plataformas digitales. Esto, gracias a que se libera en nuestro cerebro la sensación de bienestar cada vez que recibimos aprobación de nuestros amigos o seguidores en el ciberespacio. A pesar de que no tengamos pruebas irrefutables, esto cobra mucho sentido.

La dopamina es un neurotransmisor que controla otras sustancias como la serotonina y la noradrenalina en nuestro cuerpo y nos permite aprender de nuestro exterior, para bien y para mal. Así que existen distintos estímulos que modulan su producción y nos permiten fijar nuestra atención para asociarlos con algo placentero o nocivo. Por ello se habla de que nuestro cerebro "dispara dopamina" cuando recibimos likes en nuestras redes sociales, y al ser repetitivos por naturaleza, tendemos a buscar "esa recompensa" una y otra vez con un mismo comportamiento.

¿Obsesión o adicción?

Una adicción es un hábito basado en conductas peligrosas (no sólo se refiere al consumo de ciertas sustancias o productos) del que no se puede prescindir por tener una dependencia psicológica o fisiológica. Existen algunos autores que la colocan de la mano con una compulsión u obsesión. Ésta se refiere a un estado mental en donde una idea, imagen o palabra se encuentran permanentemente y que no se pueden evitar o reprimir fácilmente. En ambos casos, cuando el dejar de realizar una actividad nos provoca una sensación de malestar o irritabilidad, es necesario buscar ayuda.

¿Puedo dejar de tomarme *selfies*?

Una de las principales motivaciones para subir una imagen a redes sociales es la aprobación, pero ¿qué sucede con los comentarios negativos? El efecto de críticas desfavorables en personas jóvenes puede ser devastador. Por ello, brindarles las herramientas para que no se sientan dañadas son fundamentales. A todos nos gusta "sentir el aplauso" de los demás, pero también tenemos que ser lo suficientemente resilientes para aprender de los comentarios de otros y darles el peso adecuado.

¿Cómo queremos que nos vean los demás?

Las *selfies* permiten a los adolescentes "controlar" su propia imagen ante los demás. El uso de filtros se ha vuelto una práctica común y hasta una especie de competencia por ser el primero en usarlos o tener los mejores. De suyo, jugar con aplicaciones de este tipo no es malo. Utilizarlas puede ser una herramienta para mejorar la autoestima si nos damos la oportunidad de probar variaciones de nuestro aspecto sin tener que ir al salón de belleza o al cirujano.

El problema reside en que en la búsqueda de editar las fotografías, éstas puedan distorsionar la imagen que nosotros tenemos de nuestra persona o la que queremos dar a los demás. Ya hemos analizado que "lo que sucede en la red no se queda en ella", y que una vez que un contenido se sube, el control de cómo se distribuye deja de existir o incluso puede volver a editarse, lo que no nos permite evitar que siga circulando.

¿Realmente quiero que los demás me vean en el gimnasio o en la playa?

Así como podemos modificar el color de un traje de baño o aparecer más o menos bronceados, cualquiera puede reeditar nuestra imagen tantas veces como quiera y con los propósitos más insospechados. La línea para no criminalizar internet y a la vez no ser vulnerables en redes sociales es muy tenue.

La adolescencia nos confronta con muchos cambios, por ello nuestra personalidad apenas comienza a conformarse. El entorno en el que nos encontremos, nuestros círculos de amistades, los primeros noviazgos, los pasatiempos y actividades que desarrollemos, marcarán otras etapas de nuestra vida. Además de encontrarnos en procesos fisiológicos y hormonales, nuestro pensamiento crítico cada vez está más presente, fundamentalmente hacia las figuras de autoridad (padres, maestros, líderes) y hacia nosotros mismos.

La forma en la que captamos el mundo y a quienes son famosos o exitosos nos sirve de referencia. Nuestros padres pasan de ser nuestros superhéroes a chavorrucos que no nos comprenden. Si lo que vemos es demasiado "perfecto" frente a nuestros errores, rasgos físicos o situaciones familiares, la distorsión puede ser significativa.

Por ello es importantísimo tener claro que no todo lo que aparece en la pantalla es real. Existen muchos ejemplos claros del uso de Photoshop para "mejorar" las imágenes publicitarias, pero muchos han llegado al ridículo. Por ejemplo, la modelo Filipa Hamilton hizo público su enojo —y dejó de ser la imagen de una firma tan importante como Ralph Lauren— porque habían modificado tanto su cadera que, literalmente, era menor que el tamaño de su cabeza, haciéndola parecer como una muñeca Bratz. Son cientos los casos como éste y somos bombardeados miles de veces por conceptos de belleza menos auténticos con muchísima frecuencia.

Adi Barkan es uno de los principales detractores del uso de filtros y herramientas como Photoshop. Su mensaje es sumamente poderoso, ya que durante 15 años fue fotógrafo de moda para las principales revistas y agencias. Su experiencia es de "primera mano" y sumamente enriquecedora, pues estaba en la cima de su carrera cuando comenzó el boom de las modelos ultradelgadas. Su proyecto, conocido como "RealUnreal", ha servido para que la industria sea más consciente del poder que ejerce en los jóvenes y el daño que puede causarnos. Pero aún falta mucha responsabilidad —tanto de los publicistas como de los consumidores— para detectar lo real y lo que verdaderamente está más que modificado, alterado.

No todo es tan preocupante, también existe la parte divertida de Photoshop, un ejemplo es lo que realizó un usuario llamado Lorenz Valentino, quien creó imágenes en las que "convive" de manera muy creativa —y pareciera que real— con famosos. Sus perfiles en redes sociales reflejan algunas poses que pudieran resultar inverosímiles o demasiado artificiales pero que en su momento pudimos recibir y disfrutar sin detenernos en analizarlas.

¿Puede existir algo más cruel que mirarse al espejo y que no nos guste lo que refleja?

La búsqueda por la imagen perfecta es constante, pero ésta no existe. Los problemas alimenticios —no sólo anorexia o bulimia sino desnutrición o daño a los riñones por exceso en el consumo de agua o diuréticos—, prácticas excesivas de ejercicio, una lucha incansable por llegar a ser talla xxs, etcétera, pueden detonarse en la adolescencia. Hablar de estos temas puede ser un primer paso para evitar trastornos posteriores y que los estándares de belleza no sean un factor determinante en la autoimagen de los adolescentes.

Las redes sociales han sido implacables con modelos como Maeva Marshall, Georgia May Jagger, Winnie Harlow, Lindsey Wixson y Molly Bair, quienes no encajan en los parámetros tradicionales de belleza. Ellas son parte de una nueva corriente que busca una mayor autenticidad en la publicidad. Según han declarado en diversos medios, buscan acercarse a un público que no se ha identificado con personalidades demasiado perfectas e inalcanzables. Tal vez el caso de Maeva sea el más simbólico. La actual modelo de firmas como Cartier tuvo una extraña reacción alérgica a medicamentos para el hígado —sumada a la exposición al sol— que provocó que la piel de su cara sufriera quemaduras de segundo grado y cuyas cicatrices son pecas y manchas notables.

En otra época, este hecho habría terminado con su carrera. El tratar de ir más allá de las etiquetas es una voz importante para hacer notar que las exigencias físicas para las modelos son, en muchas ocasiones, contrarias a la realidad y muy dañinas para la autoestima de cualquiera.

Balzac decía que "hay que dejar la vanidad a los que no tienen otra cosa que exhibir". ¿Quiénes queremos ser? ¿Cómo nos gustaría que nos reconocieran los demás?

Si estamos viviendo una época en donde la privacidad cada vez es menor y nos acostumbramos a que los demás nos miren, ¿cómo evitamos esos disparos de dopamina gracias a los likes?

¿Cómo saber si las redes sociales me están dañando?

▶ El estar conectado es tan importante que te impide realizar otras actividades, incluso cuando estás hablando con otras personas tu interés está enfocado en el celular y no en tus interlocutores.

▶ Después de revisar las redes sociales tenemos la sensación de ansiedad, enojo o que es "mejor el mundo virtual" que nuestra realidad.

▶ Evitamos el contacto humano, ya que nos sentimos más seguros de interactuar a través del celular; por ejemplo, preferimos enviar mensajes que hacer llamadas telefónicas.

▶ Tu imagen en redes sociales cada vez se corresponde menos a tu realidad. La edición de nuestros perfiles sólo revela una parte de nuestra vida, no debemos enfocarnos en lo que queremos aparentar en lugar de vivir y disfrutar los momentos cotidianos.

- Es fácil caer en el *stalkeo*, es decir, realizamos verdaderas investigaciones a través de los perfiles de una persona y sus amigos: *dignos* de un profesional.
- Los comentarios de los demás tienen un efecto preponderante en nuestro estado de ánimo y nuestro comportamiento posterior a recibirlo.

Quizás uno de los mecanismos para hacerle frente a un entorno cada vez más exigente en términos de imagen es precisamente darle a ello su justo valor. También puede ser muy útil regresar a herramientas que nos brinden el mismo grado de satisfacción como lo hacían otras generaciones: estar activo posiblemente sea la mejor fórmula. Las redes sociales son lo peor que podemos hacer si "estamos aburridos", ya que perderemos fácilmente el control sobre el tiempo que pasamos en ellas y la perspectiva de las imágenes que recibimos.

¿Qué podemos hacer?

- Priorizar las actividades que debemos realizar y organizarlas de tal manera que tengamos la sensación de que avanzamos a lo largo del día en ellas. Crea una gran satisfacción cumplir con las metas por pequeñas que sean.

▸ Encontrar un *hobbie* o deporte que nos haga felices. No hay nada tan cierto como "mente sana en cuerpo sano". Puede ser un rompecabezas o sudoku, cocinar o pintar. Hay millones de canales de YouTube para ejercitarnos; no se trata de no usar las redes sino de utilizarlas a nuestro favor.

▸ Realizar las actividades con entusiasmo. Hasta las labores más sencillas, si se hacen con cierta creatividad o emoción, cambian nuestras perspectivas.

▸ Escuchar música que nos relaje o cambie el humor. Aunque existen múltiples estudios sobre los beneficios de la música clásica o los sonidos de la naturaleza, tener nuestra propia *playlist* para distintos momentos del día nos brinda una gran alegría.

▸ Comer sano e hidratarnos. El cerebro recibe todo el tiempo mensajes del resto de nuestro cuerpo creando la sensación de bienestar o inquietud.

▸ No olvidemos nuestra parte espiritual. Rezar, meditar, reflexionar nos ayudan a entender nuestro entorno, fijarnos metas, tener relaciones más saludables y disfrutar nuestro día a día.

▶ No apresurarnos, aunque el tráfico, la presión por ser el primero o las múltiples tareas que debemos de hacer nos lo exijan. La sensación de "estar corriendo" todo el tiempo es agotadora y nos daña paulatinamente.

¿Tomarse *selfies* es algo natural?

¿Quién no recuerda a Ellen DeGeneres en los Oscar de 2014 tomándose una *selfie* rodeada de famosos como Bradley Cooper, Jennifer Lawrence, Brad Pitt y Angelina Jolie? ¿Cómo olvidar las bromas para Kevin Spacey por hacer un *photobombing* (estropear una foto) o de Liza Minelli por acercarse y no salir en la imagen?

Una acción que pareciera inocente y espontánea dentro de los comentarios de la conductora resultó ser una campaña publicitaria. Samsung pagó 20 millones de dólares para que fuera utilizado su modelo más reciente, el Galaxy Note 3, frente a millones de espectadores. La imagen que dio la vuelta al mundo y rompió récord de likes y retuits no fue más que un comercial que por días estuvo en todas las noticias y páginas de internet.

¿Por qué causó tanto revuelo que los famosos hicieran algo tan normal como sacarse una *selfie*?

La parte comercial del ciberespacio está latente y son muchas las formas en las que puede utilizarse sin que nos demos cuenta. Pero también es cierto que pueden servir para que nos "acerquemos" a los famosos. Así le pasó a Jacob Staudenmaier, quien hace un par de años para su baile de graduación —y partiendo de su parecido físico con Ryan Gosling— realizó un video imitando el número musical con el que inicia la película *La La Land*.

¿Por qué lo hizo?

Para pedirle a la protagonista de dicho filme, Emma Stone, que lo acompañara a su baile de graduación. Aunque no podía asistir por sus compromisos laborales, Staudenmaier, estuvo en contacto con ella y su actuación se hizo viral.

Aunque este final pudiera resultar semifeliz, artistas como Taylor Swift, Rihanna y otros más han respondido al "llamado" de sus fans más originales y los han acompañado en fechas significativas. Así que las *selfies* pueden convertirse en algo artístico sin ningún problema. Después de todo, los autorretratos no surgieron con las primeras fotos de Paris Hilton o Britney Spears. Son muchas las muestras de pinturas famosas en donde los autores se mostraban a ellos mismos como Frida Kahlo o Vincent Van Gogh. Incluso existen fotografías del siglo xix en donde ya encontramos *selfies* frente al espejo de personajes tan famosos como Anastasia Romanov o del siglo xx con artistas como Frank Sinatra o George Harrison.

Como reflexión podrías preguntarle:

▸ ¿Qué personaje famoso te gustaría que te diera un like?
▸ ¿Qué estarías dispuesto a hacer por conseguirlo?
▸ ¿Qué tipo de imagen o post sería?

Para saber más:

"5 deportes que reducen el estrés" [en línea]. Disponible en https://www.salud180.com/nutricion-y-ejercicio/5-deportes-que-reducen-el-estres.

"7 señales de que las redes sociales están acabando con tu autoestima" [en línea]. Disponible en https://pijamasurf.com/2014/03/7-senales-de-que-las-redes-sociales-estan-acabando-con-tu-autoestima/.

"9 formas de incrementar los niveles de dopamina en tu cerebro naturalmente" [en línea]. Disponible en https://pijamasurf.com/2016/06/9-formas-de-incrementar-los-niveles-de-dopamina-en-tu-cerebro-naturalmente/.

"Así nació y evolucionó el selfie (y no lo inventaron Paris Hilton y Britney Spears)" [en línea]. Disponible en https://www.bbc.com/mundo/noticias-42060499.

De la Flor, R., "Dopamina, redes sociales y adicción" [en línea]. Disponible en https://sinapsi.life/2018/04/05/dopamina-redes-sociales-y-adiccion/.

"El ataque del Photoshop: 11 campañas que son todo menos perfectas" [en línea]. Disponible en https://www.trendencias.com/publicidad/el-ataque-del-photoshop-11-campanas-que-son-todo-menos-perfectas.

"Emma Stone responde al adolescente que la invitó a su baile de graduación imitando 'La La Land' " [en línea]. Disponible en https://www.espinof.

com/otros/un-adolescente-pide-a-emma-stone-que-le-acompane-a-su-graduacion-a-lo-la-la-land.

"Este hombre se hace amigo de los famosos photoshopeándose en sus fotos" [en línea]. Disponible en https://www.boredpanda.es/photoshop-fotos-famosos-lorenz-valentino/?utm_source=google&utm_medium=organic&utm_campaign=organic.

"Fashion Ideal Becoming Real: Adi Barkan in TEDxIDC" [en línea]. Disponible en https://www.youtube.com/watch?v=CQ6by9cmt54.

"Maeva Marshall, la modelo que desafía los estereotipos" [en línea]. Disponible en https://www.lofficiel.com.ar/Mujer/Maeva%20Marshall,%20la%20modelo%20que%20desaf%C3%ADa%20los%20estereotipos.

"¡No lo hagas! Este es el tiempo que 'conduces a ciegas' cuando usas tu celular" [en línea]. Disponible en https://www.emol.com/noticias/Autos/2018/06/01/908221/Este-es-el-tiempo-que-conduces-a-ciegas-cuando-te-tomas-una-selfie.html.

"Pareja cae de acantilado y muere por tomarse una selfie" [en línea]. Disponible en https://www.

eluniversal.com.mx/techbit/pareja-cae-de-acan-tilado-y-muere-por-tomarse-una-selfie.

"Taylor Swift, Rihanna y otros famosos que acompañaron a sus fans a la graduación" [en línea]. Disponible en https://los40.com/los40/2017/12/05/album/1512478906_881675.html#foto_gal_1.

"Trastorno de la personalidad narcisista" [en línea]. Disponible en https://www.mayoclinic.org/es-es/diseases-conditions/narcissistic-personality-disorder/symptoms-causes/syc-20366662.

"Un estudio te dice cuántas selfies te tomarás a lo largo de tu vida" [en línea]. Disponible en https://www.sopitas.com/mientras-tanto/823607-estu-dio-revela-selfies-tomaras-vida/.

Wyatt, A., *et al.* (2017). *Help Your Kids with Adolescence: A No-Nonsense Guide to Puberty and the Teenage Years.* Penguin Random House.

Capítulo 5

#EpicFail: cuando pierdes más que un reto

Coco Chanel decía que "todo lo que es moda, pasa de moda". ¿Recuerdas quién y cómo inició el *mannequin challenge* hace unos años? A pesar de haber sido bombardeados por políticos, empresarios y cantantes realizándolo, muchas personas ya no recordarán fácilmente cómo inició dicho reto que consistía en quedarse paralizados mientras se tomaba un video. Sin embargo, cientos de miles de jóvenes han sido parte de los llamados *social challenges* al seguir a sus personajes favoritos.

Los también llamados retos virales son un fenómeno que en la búsqueda de diversión, aceptación o popularidad han puesto "a trabajar" a miles de personas alrededor del mundo para demostrar que sí pueden lograrlos. Muchos de ellos llegan a ser divertidos como el #BottleCapChallenge. El "reto del verano de 2019" se popularizó cuando el boxeador Max Holloway desafió al cantante John Mayer a que girara la tapa de una botella con una patada. Sorprendió al mundo al conseguirlo, así que otros famosos empezaron a subir sus videos en cámara lenta para disfrutar mejor el efecto.

El reto de "intentar no reírse", el "del susurro" o "comerse un chile picante" son bromas inofensivas que todos podríamos hacer simplemente por diversión. El peligro llega cuando los desafíos impuestos pueden poner la salud o seguridad de las personas en riesgo. Los retos virales que consisten en absurdos, como ingerir jabón para máquinas lavaplatos (#TidePodsChallenge), bailar junto a un auto en movimiento (#InMyFeelingsChallenge), ponerse un gato como sombrero o aplicarse sal y hielo quemándose la piel, son detonadores de conductas peligrosas y sin sentido.

¿Por qué aceptamos ser parte de un reto?

Psicológicamente, tienen el mismo efecto que subirnos a una montaña rusa: nos permiten salir de la cotidianidad. Además, nos dejan mostrar inteligencia, audacia o destreza en algo, por muy absurdo que sea. Por ello, los desafíos no son necesariamente malos en su origen. Además de estas razones, en la era digital uno de los atractivos de ser parte de ellos es ganar algo básico en estos días: popularidad. Pero las redes sociales pueden ser implacables: incluso cumpliendo con el desafío, podemos ser duramente criticados.

Por ejemplo, una influencer como Kendall Jenner —cuya familia sabemos que es experta en redes— no sólo modificó el #BottleCapChallenge, sino que lo realizó con un mayor grado de dificultad: se subió a su moto acuática, pateó la tapa de una botella de vidrio y la retiró sin dejar de conducir. El problema es que ésta cayó al mar y los usuarios criticaron su falta de sensibilidad ante la contaminación de los océanos. Definitivamente: en lugar de caer bien, quedó mal.

La popularidad —traducida en miles de likes— es "un veneno" que no nos matará si lo tomamos en pequeñas dosis. Es una realidad que en un entorno en donde —cada vez más— ambicionamos exhibir nuestra vida, nosotros mismos generamos la necesidad de salir del anonimato para diferenciarnos de los demás. Pero en la búsqueda de hacer el mejor reto podemos perder mucho. Así le ocurrió a un niño colombiano que quedó atrapado en una lavadora por cumplir el desafío de permanecer 24 horas escondido en ella. Tal parece que el riesgo de la asfixia o de sufrir otro tipo de lesiones no cruzaron por su mente. Después de unas horas, sus gritos alarmaron a los vecinos, quienes pidieron ayuda a los bomberos de la localidad de Ibagué. Fueron necesarios cuatro hombres para poder sacarlo.

El niño no pudo cumplir con su "hazaña", pero sus vecinos subieron un video a Facebook sobre el rescate para prevenir este tipo de casos. Irónicamente, la lluvia de burlas al lesionado no tardó en aparecer en medios electrónicos reuniendo millones de vistas y compartiéndolo constantemente.

Françoise Sagan decía que "cuando las personas tienen libertad para hacer lo que quieren, por lo general comienzan a imitarse". El problema no es tanto nuestra falta de originalidad sino los resultados cuando la tendencia es realizar conductas absurdas como el #BirdBoxChallenge. Quizás éste podría ser uno de los retos más alarmantes debido a sus protagonistas. Quienes lo realizaban eran a la vez quienes deberían de tener un mayor criterio: los padres.

Este reto tiene el nombre por una película posapocalíptica protagonizada por Sandra Bullock estrenada en diciembre de 2018 por Netflix. Su éxito fue impresionante, ya que obtuvo el récord de ser vista en

45 millones de hogares en tan sólo una semana. Básicamente, en la mayor parte del filme vemos cómo ella, junto a dos niños, recorre un río —con los ojos vendados— buscando refugio. De ahí que los primeros días de enero de 2019 surgieran miles de videos mostrando a padres caminando junto a sus hijos con los ojos tapados. Más allá de los cientos de golpes contra las paredes —grabados o no— estamos frente a uno de los retos más preocupantes.

Sin duda, los padres debemos de jugar, explorar, compartir y conocer los intereses de nuestros hijos, pero ¿cuál es el límite cuando los propios padres no contamos con la madurez necesaria para no buscar miles de likes?

Una de las relaciones esenciales de toda persona es la que ésta tiene desde su infancia con sus padres. Crecer en un ambiente sano y seguro nos abre un sinnúmero de puertas. Por el contrario, muchos adultos sufren gran parte de su vida por situaciones que atravesaron en sus primeros años. Por ello, la figura de los padres juega un papel fundamental en la formación de cualquier persona. El problema es que no hay reglas exactas que funcionen siempre o, como diría León Tolstoi al inicio de Anna Karenina: "todas las familias felices se parecen entre sí, las infelices son desgraciadas en su propia manera".

Sin duda uno de los vínculos que ha cambiado de manera significativa en los últimos años es precisamente el que existe entre padres e hijos, haciéndolos mucho más cercanos. El punto es que los roles pueden llegar a desdibujarse tanto que provocan —en el día a día— muchas dificultades. ¿Los padres somos formadores? ¿Tenemos la función de guías? ¿Somos un amigo más de nuestros hijos o somos sus mejores amigos? ¿Podemos regañarlos? ¿Ellos pueden llamarnos la atención? ¿Debemos ser sus confidentes?

Lamentablemente, no nos gusta convertirnos en "el malo de la película", pero ser padre no es un asunto de popularidad. Y en la adolescencia los índices pueden estar en su punto más bajo. ¿Es posible crear lazos de confianza sin perder autoridad?

El común denominador entre distintas posturas de psicólogos, terapeutas, docentes y padres es que se deben establecer reglas claras y límites firmes sin que ello se contraponga a tratar con cariño y dulzura a nuestros hijos. La confianza se va acrecentando si desde que son pequeños mostramos interés en sus asuntos, les damos libertad para comunicarnos sus preocupaciones y les mostramos que los querremos sin importar sus equivocaciones y sin condicionar su comportamiento.

Aunque en teoría parece muy fácil, es muy tenue la división entre lo que es un "papá *cool*" o una "mamá tipaza" frente a alguien que puede volverse un padre extremadamente permisivo. Los efectos de que los niños y adolescentes no tengan claros los límites son enormes, basta poner algún ejemplo de las famosas *ladies* y *lords* que circulan en redes sociales.

¿Nos gustaría que así nos identificaran? ¿Qué pensarían nuestra familia, amigos o colegas?

Si alguno de nuestros hijos se convirtiera en lord o lady ¿cuál sería nuestra reacción?

El fenómeno de llamar a alguien como lord o lady surgió hace unos cinco años en México a partir de que se compartían en redes sociales videos de personas groseras, prepotentes o déspotas con el fin de criticar su comportamiento fuera de lugar, y casi siempre filmados sin que se dieran cuenta de la etiqueta que se les pondría y que los "haría famosos". Aunque en un principio pudieran estar relacionados con ciertos círculos políticos, empresariales o del entretenimiento, muchos son personas comunes que muestran su lado menos agradable.

En muchas ocasiones, incluso este tipo de personas han tenido que enfrentar cuestiones legales, por lo que convertirte en #LadyPiñata, #LordAudi,

#LadyPolanco o #LordWalmart puede no ser tan halagador. Ya sea por buscar justicia, denunciar actitudes poco solidarias o simplemente reírse de un berrinche, las redes sociales suelen ser crueles cuando se popularizan algunos de estos hashtags.

¿Por qué se vuelven virales los lords?

El vivir en sociedad implica que invariablemente orientemos nuestras conductas para que el resto de la comunidad pueda desenvolverse con tranquilidad, solidaridad y respeto. Por desgracia, si no seguimos ciertas pautas de conducta, la convivencia puede ser muy difícil. Por ello, el que una aldea digital identifique a quienes no cumplen con ciertos valores considerados como mínimos, es algo alentador. Quizá de un "mal ejemplo" pudiéramos aprender una gran lección.

Podríamos decir que conducir un automóvil es una gran responsabilidad, y más si vives en ciudades tan grandes como la de México. Nunca afirmaríamos que es lógico, educado o legal conducir en una vía para ciclistas como lo hizo Lord Audi. Tampoco podríamos decir que es justo que baje del automóvil y aviente a la banqueta la bicicleta de quien lo está captando con su celular o que empuje al oficial de la Policía Bancaria que está llamando a la Policía de Tránsito o que diga que lo está molestando quien le pide que cambie de carril. ¿Qué pensaríamos si simplemente nos respondiera: "Es México, güey, capta"?, para después huir. ¿Este tipo de conductas pueden permanecer impunes?

Afortunadamente, en la mayoría de los casos los usuarios de redes sociales las han utilizado para denunciar a quienes creen que "son intocables" o incluso que pueden dar una lección cuando a todas luces quienes están mal son ellos. Otro ejemplo muy conocido es la llamada #LadyChiles, quien acusaba —en un video que ella misma filmó— a su empleada de robarle un chile en nogada cuando ésta le dijo que se lo había comido y en realidad lo llevaba para su hijo.

El título con el que compartía el video en Facebook decía: "entre más conozco a la gente más quiero a mi perro". La indignación no se hizo esperar, ya que la escena muestra una conversación en donde la empleadora le habla con desdén y de forma agresiva a su empleada y le dice que está documentando su abuso. Siendo honestos, quien abusaba era la patrona, quien cuestionaba con aire de superioridad a la trabajadora avergonzándola frente a la cámara y señalándole que no le medía la comida pero que no alimentaría a toda su familia.

Como veremos más adelante, tampoco se trata de acabar con la reputación de alguien de manera indefinida, ya que lo que se está reprobando es la conducta y no a la persona. ¿Podemos dejar de mostrar educación en redes sociales? ¿Eso sería un tipo de autocensura? ¿Ya no podremos salir de un escándalo en internet?

Quizás una "reivindicación" emblemática es la de #Lady100pesos, ya que dos años después de ser filmada en estado de ebriedad tratando de sobornar con un billete de 100 pesos, en 2019 se había convertido en una influencer con miles de seguidores en Instagram. Por otra parte, una artista como Belinda se ha "levantado y vuelto a caer" varias veces por su temperamento. Uno de los episodios más señalados fue el de #LadySapito, en donde mostró frustración cuando se le pidió que cantara uno de sus (pocos) éxitos en la industria de la música.

La diversión no debe estar confrontada con la responsabilidad. Como diría Bertrand Russell, "el ser capaz de llenar el ocio de una manera inteligente es el último resultado de la civilización". Ése es el verdadero reto. ¿Podríamos mejorar la situación del mundo a través de un reto?

Uno de los primeros *challenges* en popularizarse fue el "Ice bucket", que fácilmente superó mil millones de reproducciones en Youtube y por el que se pretendía hacer conciencia sobre una enfermedad degenerativa como la esclerosis lateral amiotrófica y recaudar fondos para quienes la padecen. Sin duda, fue parte del inicio de los videos virales y consiguió donativos por más de 31 millones de dólares

¿Las redes sociales pueden ayudar a cambiar nuestro entorno?

Este punto es discutible, por ejemplo, Change es una plataforma que en 2019 tenía alrededor de 309 millones de personas (u organizaciones) que habían solicitado un "cambio social" por medio de la recolección de firmas y dinero, de esta manera ayudaron a visibilizar necesidades de todo tipo a nivel local, regional o mundial. La página se define como una empresa social sin fines de lucro y cualquiera puede iniciar una petición a través de ellos.

¿Cuáles son algunas de las causas más emblemáticas de Change?

En 2017 nuestro país rompió el récord de firmas (más de tres millones) con la petición a los partidos políticos a donar su dinero a los damnificados por el terremoto del 19 de septiembre de ese año. Dos años después, una petición también muy exitosa (aproximadamente dos millones de firmas) fue la solicitud de rehacer la octava temporada de la serie de HBO, *Game of Thrones*. Ambas peticiones nos muestran nuestras inquietudes, el poder de las redes sociales y que no hay reglas escritas sobre qué puede ser viral o no.

Sin duda es muy valioso contar con sociedades participativas, es una forma de conocer sobre problemáticas reales, participar en su difusión y alzar nuestra voz. Sin embargo, no podemos caer en el absurdo de pensar que con "firmar" es suficiente si no le damos seguimiento a las causas.

¿Un hashtag puede hacer la diferencia?

En agosto de 2019 la conductora de *Good Morning America*, Lara Spencer, bromeó acerca de las clases de ballet que el príncipe George toma como parte de sus asignaturas en la escuela. Su comentario poco sensible fue más allá de una broma y consiguió la reacción inmediata de la comunidad artística de Nueva York y otras latitudes. El hashtag #boysdancetoo se convirtió no sólo en la "bandera" para quejarse sino en un reto para que artistas de todo el mundo mostraran sus fotografías bailando de pequeños. Además, por medio de ese hashtag se hizo un llamado, a través de redes sociales, para que acudieran 300 bailarines a Times Square como una forma de protesta, que además no sólo demostró la belleza de la danza ejecutada de manera simultánea, sino que es una realidad que una vez que se sube algo a internet su mensaje puede ser poderoso y positivo.

¿Existen otros retos que no nos suponen peligro?

Desde diciembre de 2019 Facebook, en colaboración con Google y el MIT, está impulsando el llamado Deepfake Detection Challenge para evitar que videos falsos circulen en internet confundiendo a las personas. Las llamadas *fake news* se han convertido en un problema en el que han caído incluso medios de comunicación de gran trayectoria. Por ello, Facebook destinó 10 millones de dólares para desarrollar una plataforma que permita distinguir los videos originales frente a los que han sido manipulados. La empresa confía en que, al lanzar el reto, los desarrolladores de todo el mundo presenten propuestas eficaces para detectar las falsedades en imágenes y que cualquier usuario pueda someter a prueba cualquier material que llegue a sus manos.

Después de todos estos ejemplos, podemos decir que algunos retos pueden ser muy útiles. Y al final del día tendríamos que reflexionar acerca de qué es lo que les queremos demostrar a los demás y si debemos hacerlo en redes sociales. No debemos dejar pasar el hecho de que las críticas pueden llegar en cualquier manera, asumiendo o no el *challenge*, y que el temor a ser molestado nunca debe determinar nuestras conductas. Por ello, también decir que "no" a participar en un reto es una actitud muy valiente.

Muchos artistas han declarado que de niños y jóvenes han sido *bulleados*. Busca entrevistas a famosos como Chris Martin de Coldplay o Christina Aguilera en donde hablan de su experiencia. Esos malos momentos les han permitido crear y difundir canciones —que los han convertido en multimillonarios— como "Fix you" y "Beautiful". Detente un momento a ver sus videos o simplemente escucha la letra de dichas melodías.

Para saber más:

"#LordCacahuates #LordDámeloTodo: ¿Quiénes son los lords y las ladies de México?" [en línea]. Disponible en https://www.cnet.com/es/noticias/mexico-lords-ladies-casa-de-las-flores-netflix/.

"13 retos virales de Internet que tus hijos ya conocen" [en línea]. Disponible en https://www.commonsensemedia.org/espanol/blog/13-retos-virales-de-internet-que-tus-hijos-ya-conocen.

"300 dancers show up in Times Square as Lara Spencer apologizes for Prince George ballet comment" [en línea]. Disponible en https://www.cbsnews.com/news/300-dancers-class-in-times-square-as-gma-lara-spencer-apologizes-for-prince-george-ballet-comment-travis-wall/.

"Critican a Kendall Jenner por Reto Viral" [en línea]. Disponible en https://los40.com.mx/los40/2019/07/09/actualidad/1562635215_375749.html.

"El nuevo reto viral: el #BottleCapChallenge o desafío de la tapa de la botella. ¿Por qué todo el mundo lo está haciendo?" [en línea]. Disponible en https://cnnespanol.cnn.com/2019/07/07/el-nuevo-reto-viral-el-bottlecapchallenge-o-desafio-de-la-tapa-de-la-botella-por-que-todo-el-mundo-lo-esta-haciendo/.

"El reto de la lavadora, el peligroso desafío que circula en redes sociales" [en línea]. Disponible en https://www.elespectador.com/noticias/actualidad/el-reto-de-la-lavadora-el-peligroso-desafio-que-circula-en-redes-sociales-articulo-744695.

"Ice bucket challenge: cómo nació este reto viral por la ELA" [en línea]. Disponible en https://www.huffingtonpost.es/2014/08/19/ice-bucket-challenge_n_5690146.html.

"La diferencia entre ser padre y ser amigo" [en línea]. Disponible en https://www.universal.org.ar/la-diferencia-entre-ser-padre-y-ser-amigo/.

"Lady 100 pesos se convierte en influencer" [en línea]. Disponible en https://mvsnoticias.com/noticias/lo-mas/lady-100-pesos-se-convierte-en-influencer-fotos/https://mvsnoticias.com/noticias/lo-mas/lady-100-pesos-se-convierte-en-influencer-fotos/.

Capítulo 6

¿Verbo mata carita?: hasta este día

El famoso refrán que aplicamos para explicar una "pareja-dispareja" o para sintetizar que a las mujeres nos gusta más una persona que sea interesante frente a una que sólo cuenta con un físico agradable, también puede utilizarse cuando estamos ante situaciones de acoso. ¿De qué sirve contar con una apariencia de *top-model* si la gente no desea estar cerca de nosotros por nuestros comentarios desagradables?

¿Quién es un *bully*? ¿Cómo podemos detectarlo? ¿Estamos cerca de uno de ellos? Este anglicismo se utiliza para hablar de un acosador, pero debemos entender cuáles son las conductas típicas para diferenciarlo de un mal bromista. Así no llegaremos a trivializar un problema grave como es el estar frente a un agresor o, peor aún, ser uno de ellos.

Las características de un *bully* son:

▸ Busca aceptación constante de personas de su edad a través de rasgos de "superioridad" frente a personas más débiles o sobre las que presenta alguna "ventaja".

▸ La popularidad es un factor para que se comporte de determinada forma, y quien no le hace caso tiene el riesgo de sufrir de sus agresiones.

▸ Se rodea más que de "amigos", de admiradores, ya que no reconoce los logros de otros y se enoja si no celebran sus "triunfos".

▸ Es el "líder" de un grupo, pero no está dispuesto a escuchar, entender las preferencias o ver las necesidades de todos. Al contrario, no permite opiniones diferentes a las suyas e impone actividades o determina quién puede estar con ellos y quiénes no.

La forma en la que se comporta un *bully* encuentra un hábitat ideal en las redes sociales: su público es mayor, los halagos de sus amigos pueden ser vistos por otros, sus comentarios hirientes pueden ser compartidos o "aderezados" por sus seguidores. Peor aún, el efecto multiplicador de lo que sucede en internet convierte fácilmente a los usuarios que buscan aceptación dentro de un grupo en "atacantes" sin ningún freno y cuyos comentarios agresivos pueden invitar a otros a continuar con insultos o agresiones o, incluso, otro tipo de conductas. Por lo general, el ciberacosador puede realizar comentarios sobre:

- El aspecto físico de los demás: si alguien está muy gordo o muy delgado, si tiene algún parecido a alguna caricatura o personaje de la cultura pop.
- La forma en la que otros se "presentan" públicamente: cómo se describen en sus redes sociales, sus intereses, el tipo de ropa o las marcas que utilizan, el peinado, el color del tinte, los accesorios, el maquillaje, etcétera.

En el primer capítulo analizamos lo que es el acoso escolar y su vertiente: el ciberacoso. Está claro que el ciberespacio es universal. Cada vez con mayor frecuencia gente más joven y adultos mayores se incorporan al uso de internet. Incluso sectores de la población como *millennials* pueden ser susceptibles de agresiones en las redes por:

- Las decisiones que toman: si son "novieros", solteros o casados, si tienen muchos o pocos hijos o ninguno, si tienen o no trabajo o el tipo de puesto en el que se desempeñan, sus preferencias políticas o religiosas.
- Su personalidad: si comparten mucho o poco de su vida privada, si acuden mucho a algún lugar o frecuentan aquellos que no están de moda y el tipo de contenido que comparten o, incluso, a quienes siguen.

Es así que en cualquier etapa de nuestra vida, joven o adulta, podríamos sufrir de *cyberbullying* y por ello debemos estar preparados. Pero ¿qué es lo que detona que alguien quiera portarse así?

Como en la mayoría de los grandes problemas, las causas que generan a un *bully* son complejas. No obstante, el común denominador puede ser que viven en entornos en donde la violencia es generalizada o vista como algo normal. Por ello el acosador sufre por la misma, pero la ejerce en otros ambientes para sentirse seguro y replicar patrones o —irónicamente— para obtener atención y ayuda.

Dicha violencia no necesariamente es física. Existen edades en las que la falta de atención de los padres, la ausencia de valores o principios afines dentro de la familia, vivir maltratos injustificados, comentarios agresivos o dificultades económicas pueden desembocar en niños y adolescentes que acosan a sus compañeros.

El anonimato otorga un gran poder, y en los últimos años la búsqueda por "exhibir quiénes somos" ha convertido a las redes en menos amigables con el paso del tiempo. Esto acentúa la violencia psicológica que se ejerce.

El *bully* estará tratando de "canalizar" sus inseguridades, sentimientos de venganza o desconfianza en los demás al descargar su ira en quienes considera que no pueden defenderse. Esto nos permite ver que en el fondo tiene una enorme dificultad para formalizar relaciones interpersonales. La amistad para el acosador no es un lazo que lo une, ya que en realidad no está construyendo un vínculo sano, positivo o enriquecedor.

¿Qué está pasando con una generación que creció viendo películas como *Mean Girls* (Chicas pesadas) o *Bring it On* (Triunfos robados)? ¿Por qué no ha disminuido el *bullying* y, por el contrario, ahora tenemos además el *cyberbullying*?

Más adelante profundizaremos en el papel de los padres, pero un cliché de lo que es un *bully* sigue tan vigente como hace 15 o 20 años y aun muchas veces no detectamos ciertas conductas que son claramente preocupantes para el desarrollo de los adolescentes.

¿Cómo nos han pintado al típico acosador o acosadora? Según la cultura popular, él es atlético, líder de algún equipo o disciplina deportiva, usa una chamarra con la inicial de su escuela y lleva en el último grado más tiempo que el resto de sus compañeros. Ella es alta, delgada, popular, líder de las porristas, extrovertida, y posiblemente sale con uno de los compañeros más guapos de la generación.

¿Cómo es en realidad un *bully* en la era de las redes sociales? Puede ser prácticamente cualquiera y, peor aún, en cualquier momento.

Por desgracia, una de las características en la actualidad es que molestar a alguien en el ciberespacio es un hecho que antes, en el día a día, podría quedar diluido o pasar desapercibido al terminar una clase. Lamentablemente ahora todo queda documentado y puede ser visto —una y otra vez— por cientos en segundos. Lo anterior convierte a la convivencia en una competencia literal por ganar popularidad a costa de los demás.

Peor aún, el *bullying* se ha ido modernizando. Frente a una mayor conciencia de docentes y padres de familia sobre los peligros del acoso escolar, éste se ha "regulado" para evitar peleas o agresiones físicas, pero ha derivado en hacer más atractivo el *bullying* cibernético. También se puede hablar del aumento de esta actividad ente mujeres. Ahora ellas llevan a cabo de forma más constante una serie de prácticas que en generaciones anteriores no eran tan profundas y constantes, o por lo menos no tan cotidianas.

El *bullying* entre mujeres puede ser mucho más sutil y, por ello, en muchas ocasiones más difícil de detectar y erradicar. "Escanear de arriba-abajo con la mirada" puede ser un claro signo de desaprobación. Pero con un simple gesto, el efecto puede ser demoledor para la víctima en ciertos casos. Por ello, algunos autores hablan del *wollying*, una combinación entre *women* y *bullying* y que puede darse en ámbitos tan diferentes como en el trabajo, en el gimnasio, en comunidades de madres y, rápidamente, en redes sociales.

El descrédito por lo que hace otra mujer puede manifestarse de manera velada pero no por ello menos agresiva. Quizás un ejemplo muy claro es la reacción ante las imágenes de Meghan Markle o artistas como Eiza González o Yalitza Aparicio, a quienes se les menosprecia con regularidad sin que nadie se detenga mucho a pensar si es un discurso violento o no.

Un célebre refrán dice que "el valiente vive hasta que el cobarde quiere". ¿Cómo debemos afrontar situaciones de acoso cibernético o de otro tipo?

Shane Koyczan es todo un influencer. Dicha frase sería impensable hace unos años, ya que el ahora famoso poeta canadiense fue molestado por sus compañeros de la escuela durante toda su infancia y adolescencia. Hoy en día ostenta más de 20 millones de visitas en su video del poema "To This Day" (Hasta este día), en donde narra cómo fue acosado y las implicaciones que esto tuvo a largo plazo en su vida. Es decir, hasta el día de hoy sigue recordando muchas de sus experiencias en la adolescencia, al igual que miles de personas.

En gran medida, el éxito de sus versos reside en que todos podemos llegar a identificarnos con él. Y no sólo eso, sino que sin darnos cuenta muchas veces sentimos que nosotros mismos somos los que provocamos los ataques. Esto se debe a diversos factores, como el desconocimiento de lo que es el ciberacoso y que el problema no está en la víctima sino en el agresor.

Existen muchos testimonios que demuestran que no importa que alguien sea alto, gordo, menos deportista o con algún tipo de característica especial. El *bully* buscará cualquier pretexto para que, sin justificación, seamos blanco de sus comentarios y un canal para desviar su frustración. Incluso el propio rey de España, Felipe VI, o la princesa Victoria, de Suecia, sufrieron de acoso cuando fueron niños y adolescentes sin importar su situación familiar, lo que nos haría pensar que son privilegiados y por tanto difíciles de molestar.

Si partimos de la idea de que el acosador también está sufriendo de muchas inseguridades, lo que nos diga no tendrá el mismo impacto. No quiere decir que nos convirtamos en mejores amigos (lo que sería ideal pero muy poco realista), sino que en la medida en la que nosotros estemos seguros, no seremos acosadores o acosados.

¿Y si nosotros somos el problema? ¿Qué acciones podemos tomar si somos un *bully*?

▸ Hablar del tema con un adulto o experto para entender que estamos frente a un problema serio.

▸ Percatarnos de que nuestras palabras en el ciberespacio sí tienen implicaciones en la realidad. El que esté en la "nube" no lo convierte en menos grave, doloroso o agresivo.

▸ Tener relaciones de amistad sólidas. No hay nada como un vínculo de confianza con el que podamos expresarnos libremente pero sin que falte el respeto y la mutua admiración.

▸ Empatizar con personas diferentes a nosotros, quienes no necesariamente deben pensar igual ni tener los mismos intereses o parámetros de "éxito" o felicidad.

Esto último quizá nos ayudaría a entender mucho mejor a quienes sufren por nuestros comentarios. La niña que hereda la figura corpulenta de su padre o quien nace con una mancha en la piel no busca ser molestados. La empatía puede ir más allá de simplemente "ponerse en el lugar del otro". Definida como un valor, una competencia (a nivel profesional o personal), una virtud, una habilidad social o como una parte de la inteligencia emocional, sus elementos nos permiten actuar con una calidad humana mucho mayor, ya que implica:

▸ Escuchar prestando efectivamente toda nuestra atención a la persona con la que estamos hablando.

▸ El entender puntos de vista diferentes sin interrumpir y sin argumentar de inmediato o descalificando a los demás.

- Mostrar interés preguntando detalles o llevando la conversación con atención.
- Darles importancia a las expresiones no verbales y los sentimientos que muestra el otro.
- No juzgar o realizar comentarios a la ligera que no conducen a construir o mejorar la relación.
- Transmitir también nuestras propias emociones y ser receptivos a las de quienes nos rodean.

Científicos de la Universidad de Córdoba y la Universidad de Sevilla han estudiado la manera de reducir el *cyberbullying* y han encontrado que puede disminuirse hasta 15% con programas que trabajan la empatía del acosador con su víctima. Quizás el porcentaje no sea tan alto, pero es muy significativo, si se comienzan a realizar actividades tanto preventivas como de atención a víctimas.

En este capítulo te proponemos visitar la página de Shane Koyczan y convertirte en una visita más de sus videos de YouTube o de su TED Talk sobre su poema o probar el videojuego_gratuito: Conectado, en donde el jugador experimenta las mismas situaciones de rechazo que miles de adolescentes en el entorno real y además tiene que enfrentarse a mensajes ofensivos, suplantación de personalidad en redes sociales y pesadillas a lo "largo de cinco días", que es lo que dura este juego virtual.

Para saber más:

"Cómo afrontar el acoso (o bullying)" [en línea]. Disponible en https://kidshealth.org/es/teens/bullies-esp.html.

"Empatía, mucho más que ponerse en el lugar del otro" [en línea]. Disponible en https://psicologiaymente.com/psicologia/empatia.

"Fomentar la empatía para reducir el ciberacoso" [en línea]. Disponible en https://www.aprendemas.com/es/blog/mundo-educativo/fomentar-la-empatia-para-reducir-el-ciberacoso-68552.

"¿Sabes qué es el Wollying?" [en línea]. Disponible en https://www.vix.com/es/imj/152392/sabes-que-es-el-wollying.

"Sale a la luz que Felipe VI sufrió 'bullying' en la escuela" [en línea]. Disponible en https://www.elnacional.cat/enblau/es/casa-real/felipe-vi-bullying-escuela_140411_102.html.

"¿Tu hijo es un 'bully' o una víctima? Las claves para detectarlo y actuar" [en línea]. Disponible en

https://cnnespanol.cnn.com/2013/04/01/tu-hi-
jo-es-un-bully-o-una-victima-las-claves-para-
detectarlo-y-actuar/amp/.

"Yo hacía bullying a otros niños porque no era feliz en casa" [en línea]. Disponible en https://
www.abc.es/familia/padres-hijos/abci-ha-
cia-bullying-otros-ninos-porque-no-feliz-ca-
sa-201607190209_noticia.html.

Capítulo 7

A star is born: ¿Todos tendremos 15 minutos de fama?

El "Twittergeddon" sucedió en julio de 2018. Para muchos parecía el fin de su poder en las redes sociales. Algo que podría ser el guion de una película de ciencia ficción o incluso de terror para las nuevas generaciones, se había gestado sin mayor aviso. De pronto la popular plataforma del "pajarito" decidió limpiar de su aplicación a aquellas cuentas inactivas, bloqueadas o falsas, y con ello daba un golpe al ego de miles: en menos de una noche, políticos, artistas, deportistas y comunicadores perdieron miles de seguidores.

Entre las figuras públicas más dañadas se encontraban @BarackObama y @katyperry, a quienes "dejaron de seguir" más de dos millones de *followers*, respectivamente. ¿Podían hacer algo frente a esa "catástrofe"?

Prácticamente nada, no existe un "derecho fundamental a ser seguido". A pesar de que, social y digitalmente pueda ser un factor más importante que estudiar en el extranjero o tener años de experiencia laboral. El poder de los medios digitales no puede medirse ni pesarse como se hacía antes con los *ratings*. Ahora las audiencias son microcosmos y la influencia no sólo se mide por el número de *followers* sino por las interacciones de los mismos, los *trending topics*, la cantidad de veces que se comparte un contenido y muchos otros factores "inmateriales" pero que, al final, cuentan.

Las ansias por adquirir popularidad en internet, como muestra el Twittergeddon, incluso han derivado en el surgimiento de granjas de likes para "garantizar" el crecimiento de determinadas cuentas. ¿Algo costoso o sólo para las grandes marcas? No necesariamente. Un paquete de mil cuentas falsas de usuarios "españoles" de Facebook vale seis dólares en el mercado. Existen cientos de empresas que, desde distintas regiones, ofrecen "seguidores confiables para las políticas de Facebook" que en realidad son bots. Los adolescentes (y todos) buscamos aceptación. ¿Existe un límite para ello? Y aún más, ¿cómo nace una estrella en estos días?

A partir del éxito de la canción "Shallow" de la película *A Star is Born*, Lady Gaga y su coprotagonista Bradley Cooper fueron el centro de las redes sociales. Con tuits que los alababan, miles de seguidores en sus cuentas, noticias sobre su posible romance y millones de memes sobre ellos y el rompimiento con sus respectivas parejas, fueron la sensación durante enero y febrero de 2019. Unos meses después, el escándalo parecía ser algo aburrido y que había sucedido 10 años atrás. La sobreexposición nos había cansado a todos.

Este fenómeno —ser el centro de la controversia— no era nuevo para la cantante. Durante su paso por la universidad fue víctima de *cyberbullying*. Una muestra del comportamiento de sus compañeros es la existencia de un grupo de Facebook llamado: "Stefani Germanotta, nunca serás famosa" y cuyas imágenes aún siguen circulando. Rotundamente sus miembros se equivocaron. Lady Gaga es la primera mujer que gana, en un mismo año, un Oscar, un Grammy, un Globo de Oro y un premio BAFTA.

En contraste, los usuarios no se enfocaron en su éxito profesional. Se inclinaban por hablar de ella y "comprender" si una modelo como Irina Shayk podía ser sustituida por alguien con una belleza tan poco convencional como la de la cantante. Pero, con la misma fuerza con que la gente quería conversar en redes sociales sobre ellos, vimos la caída del interés por el posible triángulo amoroso.

¿Por qué los *trending topics* cambian cada par de horas o a lo sumo duran un día?

Hace 50 años el artista plástico Andy Warhol pronosticó que todos seríamos "famosos mundialmente por 15 minutos". Parece que ahora ese lapso es demasiado largo y, simplemente, seremos populares por 15 segundos. Con la misma rapidez con la que nos convertimos en ídolos, pasamos a un estatus de irrelevancia casi al instante. ¿Cómo evitar ese éxito pasajero, ser un *one-hit wonder* o que nos califiquen de *has-been*, como dirían en Estados Unidos?

El propio Warhol también parecía tener esa receta mágica: "haz cualquier cosa, que mientras sea disruptiva, los medios se interesarán en ti". Y dicho secreto incluso pudiera darnos también la clave de por qué somos olvidados tan fácilmente: sólo las trayectorias basadas en el esfuerzo son las que en el largo plazo perduran.

Aunque pareciera una idea demasiado anticuada, si los influencers no aportan un contenido que los distinga del resto de los famosos virtuales, sus miles de seguidores irán desapareciendo al ir buscando algo más *cool*, novedoso o de moda. Por eso, con el paso del tiempo se han ido posicionando canales de YouTube como el de los VlogBrothers. Estos hermanos estadounidenses (John y Hank Green) tienen más de tres millones de suscriptores para ver sus videos en donde comparten reseñas de películas, curiosidades históricas, bromas y, especialmente, reseñas de libros, convirtiéndose en los precursores de los llamados *booktubers*.

En México esta comunidad está tomando cada vez más fuerza. Desde 2015 la Feria Internacional del Libro de Guadalajara (una de las más grandes de América Latina) organiza una reunión para que, sin ser críticos literarios, este tipo de figuras intercambien perspectivas sobre las novedades editoriales. Incluso algunos de ellos, como Raiza Revelles, ostentan un millón y medio de suscriptores en sus canales de YouTube.

Más allá de la facilidad de hacer una tarea al usar este tipo de contenido, los *booktubers* poco a poco se convierten en influencers que difunden el amor por la lectura. Aunque no estamos ante cifras estratosféricas de seguidores, éstos son fieles, como lo demuestra el número de reproducciones de sus videos. Indudablemente, una reseña de un libro implica horas detrás, pero ¿qué tipo de seguidores deseamos?

Carolina Herrera ha ido contra la corriente. Son muchas las marcas internacionales que han caído en la tentación de contratar a personajes famosos en las redes sociales y no a modelos tradicionales. Sin embargo, ella se ha negado a utilizar a las influencers en las campañas publicitarias de sus diseños o en los desfiles. La diseñadora ha mostrado su desconfianza por personas que buscan más a un patrocinador que ser parte de una marca. Tajantemente ha dicho: "para mí, no son el estilo de la moda. Son el estilo del dinero".

En los años noventa se realizaba la misma crítica a las llamadas *top models*. Cindy Crawford, Naomi Campbell, Claudia Schiffer, Helena Christensen y Carla Bruni encabezaban los desfiles. ¿Siguen modelando? ¿Continuaron con carreras exitosas? Solamente aquellas personas que saben manejar la fama y potenciar sus habilidades son las que, a largo plazo, pueden seguir vigentes.

Paola Rojas es una comunicadora mexicana cuya trayectoria es destacada. Frente a cientos de figuras pasajeras en el entretenimiento y rodeada de competencia en distintos medios informativos, ella ha participado en televisión, radio y prensa escrita, siendo un referente de una mujer exitosa. Sin embargo, más allá de su carisma en Instagram, esta conductora claramente se ha preparado con una licenciatura en Comunicación, una maestría en Filosofía y el manejo de seis idiomas. La dedicación con la que ha trazado su camino claramente nos demuestra que seguirá siendo una de las figuras más importantes en los próximos años. ¿Necesitó un escándalo para sobresalir? Definitivamente no.

Otro ejemplo sobre el trabajo que se esconde tras una publicación en redes sociales es, sorprendentemente, el de los *gamers*. Los canales de YouTube con pistas, recomendaciones y atajos de videojuegos son de los más vistos, pero quizá son los que más rápidamente son tachados como frívolos. Muchas veces demeritados por considerarlos como una forma de perder el tiempo, los *gamers* podrían ser más que el "cuate que no tiene nada que hacer" o que muestra su "síndrome de Peter Pan jugando como adolescente".

El mercado de los videojuegos en *streaming* es enorme. Una industria —con un valor de 27 mil millones de pesos al año— está encaminándose, a pasos agigantados, a los juegos en línea y torneos internacionales de manera digital. Con algunas ediciones del llamado "Día del Gamer" (29 de agosto) y foros como Jalisco Talent Land, han mostrado un genuino interés por consolidar ligas de *e-sports* en donde se puede competir por premios de hasta un millón de dólares.

¿Estaremos frente a una forma de ganar dinero mientras nos divertimos? ¿Implica un verdadero esfuerzo?

Un *gamer* en México puede ganar entre 20 y 30 mil pesos mensuales, lo que es más de lo que muchos profesionistas pueden presumir. Las horas dedicadas a ser uno de los tres mil jugadores inscritos en la liga mexicana, ¿es más que un pasatiempo?

En la próxima edición de los Juegos Olímpicos (París 2024) los *e-sports* serán considerados dentro de los deportes de exhibición con la idea de ser incluidos como disciplina en los Juegos de Los Ángeles 2028. Así atraerían a generaciones más jóvenes, según los miembros del Comité Olímpico, y se profesionalizaría a muchos jugadores amateurs. Al igual que el ajedrez, el tiro con arco o el automovilismo, existe el debate acerca de si los *e-sports* deberían considerarse como deporte, pero más allá de eso, ¿podemos decir que son algo positivo? ¿Incitan a la violencia como lo dijo el presidente Trump tras la masacre en El Paso? ¿Debemos jugarlos?

Recientemente, en México se presentó una iniciativa para regular el etiquetado de los mismos y, aunque no prosperó, sirvió de base para hablar sobre los problemas que puede causar su uso excesivo. Algunos síntomas del abuso de los juegos en línea pueden ser:

▶ Obesidad
▶ Ronchas en las manos
▶ Dolores de cabeza
▶ Problemas visuales
▶ Adicción

¿Tienen ciertas ventajas los videojuegos?

Claramente, cualquier tipo de contenido que implique matar, mutilar o descuartizar generará violencia, pero, de nueva cuenta, tendremos que analizar el tipo de mensajes que queremos para nuestros hijos según sus intereses, edades y capacidades, y con ello fomentar:

▶ El trabajo en equipo (si se trata de este tipo de juegos en línea).
▶ Aprender a ganar y perder.

- Ser parte de competencias (profesionales o no).
- Mostrar destrezas físicas (juegos como Just Dance) o analíticas (avanzar en niveles más complicados).
- Y, especialmente, sería interesante no caer en la tentación de prohibirlos sino establecer reglas claras sobre sus tiempos de uso para convertirlos en una manera de acercarnos a ellos y divertirnos juntos.

Ante la penetración de los videojuegos en edades cada vez más tempranas, en España la plataforma de Empantallados ha creado un "contrato" entre padres e hijos sobre el uso de las consolas. ¿Parece exagerado?

En definitiva, cada familia puede decidir qué es lo mejor para sus miembros, pero esta propuesta (cofinanciada por la Unión Europea) sirve como herramienta para identificar ciertas reglas útiles:

- Los niños no deben quedar aislados al jugar. Por ello, se establece que las consolas deben ubicarse en lugares comunes y que deben invitar a sus amigos a jugar en casa.
- Las compras o descargas gratuitas se deben realizar de común acuerdo siguiendo parámetros de edad y contenidos.

▶ Se les dará prioridad a otras actividades, equilibrando los tiempos de ocio y respetando los horarios frente a las pantallas.

▶ Darle la justa dimensión a lo que estamos haciendo: es un juego y por lo tanto debe haber respeto hacia los demás competidores, no se gritará ni se usarán audífonos.

Aunque no incluye una "cláusula con una penalidad" por el incumplimiento del contrato, el formato elaborado por Empantallados es una buena guía para aquellas familias que quieren establecer acuerdos bajo un esquema imparcial.

Existen diversas películas sobre los riesgos de un mal uso de internet. Una de ellas, y que además enseña que nuestros perfiles no necesariamente concuerdan con nuestra realidad, es la de *Searching* del director Aneesh Chaganty y presentada en el Festival de Sundance. Sin tratar de hacer ningún *spoiler* nos ayuda a preguntarnos como padres:

▶ ¿Qué dicen las redes sociales de mi persona? ¿Qué es lo que comparto en ellas?

▶ ¿Cuántas plataformas digitales utilizo y con qué fines?

- ¿Tienes un perfil que tus familiares o colegas del trabajo no conozcan? ¿Por qué?
- ¿Has aceptado personas que no conoces como "amigos"?
- ¿Te has encontrado un amigo de redes sociales en la vida real y no te ha saludado?

Por otro lado, no podemos perder de vista que "todos somos originales", o por lo menos eso pensamos. *Satiregram* es una cuenta de Instagram que de manera irónica describe las fotos más creativas de las redes sociales. ¿Cuántas veces hemos visto la imagen de unos pies en la playa? ¿Cuántas veces hemos entrado en hashtags sólo con la idea de pertenecer a un grupo exponiendo tus datos personales? Te retamos a que descubras si alguna vez has caído en la tentación de subir una imagen parecida a las que describen en la cuenta y, mejor o peor aún, si fue más de una.

Para saber más:

"Carolina Herrera carga contra las 'influencers': 'No tienen estilo' " [en línea]. Disponible en https://www.lavanguardia.com/de-moda/moda/20191119/471756728841/carolina-herrera-critica-profesion-influencers-no-tienen-esti-lo.html.

"Cinco booktubers mexicanos que comparten sus recomendaciones con sus seguidores" [en línea]. Disponible en https://www.sinembargo.mx/09-04-2019/3563047.

"Contrato para jugar a videojuegos" [en línea]. Disponible en https://empantallados.com/descar-gables/contrato-para-jugar-a-videojuegos/.

"¿Cuánto ganan los "gamers" en México?" [en lí-nea]. Disponible en https://mvsnoticias.com/podcasts/segunda-emision-con-luis-cardenas/cuanto-ganan-los-gamers-en-mexico/.

"El mercado global de los 'me gusta' falsos" [en línea]. Disponible en https://elpais.com/internacional/2018/04/03/actualidad/1522769651_850596.html.

"Entre Booktubers, 'Te Leas' [en línea]. Disponible en https://newsweekespanol.com/tag/booktu-bers/.

"Este es el perfil del gamer mexicano en 2019" [en línea]. Disponible en https://verne.elpais.com/verne/2019/04/26/mexico/1556304598_721382.html.

"¿Qué son los Booktubers?" [en línea]. Disponible en https://www.muyinteresante.es/curiosida-

des/preguntas-respuestas/que-son-los-booktu-
bers-371465293121.

"Sale a la luz el grupo de Facebook donde le hacían
bullying a Lady Gaga cuando era estudiante" [en
línea]. Disponible en https://www.lavanguardia.
com/muyfan/20190228/46752000357/lady-ga-
ga-bullying-universidad-facebook.html.

"Un 'gamer' en México puede ganar hasta 30 mil pesos al mes, más que un profesionista" [en línea].
Disponible en http://207.180.194.75/~blackand-
white/entretenimiento/14856-un-gamer-en-
mexico-puede-ganar-hasta-30-mil-pesos-al-mes-
mas-que-un-profesionista.

"¿Videojuegos olímpicos?" [en línea]. Disponible en
https://elpais.com/deportes/2019/01/02/actua-
lidad/1546443921_180851.html.

Capítulo 8

De Mary Poppins a la Niñera Digital

En febrero de 2019 se viralizó el llamado #Momo-Challenge. Se trataba de una farsa virtual, pero nos enseñó lo que puede ser una pesadilla digital. En la era de las *fake news* nada es más sencillo que compartir la información del "suicidio de una menor" por seguir los desafíos de este "fenómeno". En realidad no existen pruebas de que el reto dañara a alguien hasta causar su muerte, pero la idea en sí misma fue angustiante.

¿Podemos dejar a los niños solos viendo YouTube? Idealmente, no.

Pero en la vida diaria, el estar cien por ciento de nuestro tiempo con ellos no es tan sencillo, y en muchas ocasiones es inviable. Las madres —quienes comúnmente pasamos gran parte del tiempo con ellos— también necesitamos hacer otras actividades y aprovechamos mientras están entretenidos. Quizá la respuesta sería que no podemos dejarlos sin supervisión continua, debemos conocer las plataformas y sus riesgos y darles las herramientas para saber reaccionar a contenidos nocivos dependiendo de su edad.

¿Qué era el Momo?

Una figura aterradora: mitad mujer y mitad arpía sin alas. Era una escultura japonesa de ojos sin párpados y cabello lacio y largo que se había exhibido bajo el nombre de "Mother Bird". Su imagen se utilizó en diversas ocasiones durante 2018 y 2019 como una leyenda urbana en la cual se decía que en videos destinados a menores los *hackers* la incluían y usaban para darles una serie de indicaciones o pruebas para que la obedecieran. Ello podría poner en peligro la integridad de los niños o incluso sus datos personales.

El llamado a los padres a estar atentos para evitar que dicha imagen comenzara a aparecerles en el contenido de YouTube Kids se popularizo cuando la policía de Irlanda del Norte lanzó una advertencia en redes sociales acerca de su existencia, al tiempo que Kim Kardashian pedía desde Instagram que la plataforma de videos retirara dichos contenidos.

Meses antes del Momo circuló en distintas redes el llamado "Reto de la ballena azul", y hace más de 10 años, en los primeros contenidos virales de la era digital, nos escandalizábamos con el video conocido como "Obedece a la morsa", el cual utilizaba un baile de tap de un ser malvado que hacía que entraras a su secta o se te aparecería por las noches, causando un gran revuelo entre adolescentes. En realidad estábamos ante un material de una persona enferma de polio que trabajaba en el ambiente *underground* de California y cuyo propósito no era ser "escalofriante". Sin saberlo, ese video fue editado, de manera casera, con música infantil utilizada en reversa, y se convirtió en una "broma" en distintas regiones del mundo. Aunque ahora pudiera causarnos risa que la gente cayera, en su momento dio mucho de qué hablar sobre la mala influencia que podía significar internet.

Más allá del invento digital del que se trate, cada vez con más frecuencia nuestros hijos acceden, a velocidad vertiginosa, a contenidos que podrían ser nocivos, es decir, que pueden resultar en imágenes o videos perturbadores o agresivos. Curiosamente, estos materiales también nos crean miedo a nosotros como padres: no podemos controlarlos y, desgraciadamente, no sabemos reaccionar ante ellos.

¿Entonces el Momo no existió?

Aunque no se puede probar que efectivamente hubo retos virales compartidos con su imagen previo al escándalo mediático, el Momo fue real porque "viajó" por miles de celulares en chats de mamás y sus redes sociales para alertarlas. Incluso cientos de padres de familia se dieron a la tarea de mostrarles la imagen a sus hijos para prevenirlos. Miles de ellos compartían que "conocían a una maestra" que en plena clase puso un contenido para sus alumnos y "apareció el Momo".

Ya mencionábamos que ante esta nueva realidad, la primera idea que cruza por nuestra mente es prohibir el uso de YouTube, aunque sea su versión Kids. Pero si recordamos cómo eran las relaciones en nuestra infancia, fácilmente veremos que basta con prohibirlo para que cualquier compañero de la escuela, un amigo del transporte escolar o un primo muestre el contenido censurado.

Además, no faltaron personas que se sumaron al *challenge* y subieron la imagen del Momo en videos para usuarios de Fortnite o de Peppa Pig e invitaban a los niños a mandarles por WhatsApp sus datos para continuar con los pasos del reto.

¿Por qué si existen filtros o plataformas específicas para niños suceden retos como el Momo?

La respuesta común es que "hay gente enferma allá afuera". El problema es que ahora cada vez están más adentro de nuestra casa y, peor aún, en la habitación de nuestros hijos. Lamentablemente, muchas veces a solas con ellos. Es muy común nuestra dependencia al uso de *tablets*, *smartphones* y otros dispositivos para entretenerlos, y eso los convierte en público cautivo.

Más allá del lugar común de que el ciberespacio refleja lo peor de la sociedad, también es cierto que los *hackers* son rankeados y se verán beneficiados de mostrar su capacidad de sabotear las plataformas con mayor número de medidas de seguridad. Es así que, irónicamente, descansamos con la idea de que el contenido es destinado a niños, cuando es lo más atractivo para los ciberdelincuentes de todo tipo: pederastas, tratantes de personas, extorsionadores, usuarios de pornografía y otro tipos de acosadores.

Incluso, aunque no caigamos en los escenarios más catastróficos, el contenido infantil no es apto para todas las edades o perfiles de niños. Como sabemos, algunos pequeños son más sensibles o temerosos que otros. Es más, muchos de ellos disfrutan viendo las mismas escenas —una y otra vez— para tratar de entenderlas mejor e imitarlas. Esto puede ser un peligro si no cuentan con alguien que los oriente y explique las tramas o reacciones de ciertos personajes.

La generación de niños en nuestros días, los llamados *nativos digitales*, son un gran reto para educadores y psicólogos, pero principalmente para los miembros de la familia. ¿Alguna vez has escuchado que "nosotros no éramos así"? ¿En más de alguna ocasión has contestado: "Es que los niños ya vienen programados"? ¿Una de estas afirmaciones o ambas son ciertas?

Las características de los nativos digitales son:

▸ Todo lo quieren basados en la rapidez.
▸ Son intolerantes.

- Las respuestas deben ser inmediatas.
- Buscan el beneficio o gratificación constante.
- Tienen memoria superficial.
- Son menos reflexivos.

¿Nosotros somos diferentes? ¿Estamos creando entornos parecidos a los que tuvimos de pequeños?

José Ortega y Gasset decía: "Yo soy yo y mi circunstancia, y si no la salvo a ella no me salvo yo".

Es así que vemos que nuestra realidad es muy diferente a la que vivíamos como sociedad hace algunas décadas. Muchos de los padres de hoy fuimos niños con acceso a radio, televisión y videojuegos, pero hasta nuestra adolescencia no habíamos utilizado internet. Gran parte de nosotros conocimos el comienzo de las redes sociales siendo jóvenes y pareciera que estamos "desbocados" como sociedad por utilizarlas. Por ejemplo, la contingencia sanitaria detonó el uso exponencial de redes sociales y el crecimiento en los accesos a videos en streaming, eBooks, música o radio en línea, juegos online, audiolibros y podcasts. El e-commerce creció hasta un 90% y los servicios de comida para llevar hasta en un 40%.

¿Por qué los niños de ahora quieren todo de inmediato?

Muchas veces escuchamos que no los hacemos tolerantes a la frustración. No se trata de que nuestros hijos vivan sufriendo todo el tiempo, pero no los estamos educando para saber esperar, lo que les puede causar —y causarnos— grandes problemas conforme van creciendo.

El proceso educativo, ahora de la mano de nuestra cultura digital, es uno de los más largos y necesarios para nuestros hijos, pero también es uno de los más agotadores. En gran medida, nosotros también quisiéramos una respuesta inmediata y simplemente instalar una aplicación, para descansar en ella sin la responsabilidad de estar alertas todo el tiempo. Efectivamente, existen distintos sistemas para poder disminuir los riesgos en el ciberespacio, pero son muchos los ejemplos de que el famoso algoritmo falla.

¿Qué es lo que debemos hacer?

Por un lado, informarnos y formar a nuestros hijos para que puedan reaccionar adecuadamente. Cada día dependemos más de la tecnología. Pagamos nuestros impuestos o realizamos operaciones bancarias en línea. Las compras a distancia se han disparado, y también las consultas sobre medicinas y tratamientos. Pretendemos que "Dr. Google" nos resuelva todas nuestras dudas. ¿Cómo enseñarles que el contenido de internet no siempre es cierto si nosotros somos los primeros en depositar toda nuestra confianza en lo que leemos en redes? ¿Cómo enseñarles a no ver contenidos inapropiados si nosotros los compartimos?

¿Los ponemos en riesgo por ser ermitaños digitales?

La iniciativa #YoTampocoSeLoDoy y el hashtag #ÚneteALaResistenciaMenos12No ha empezado a viralizarse en los últimos meses. Todo empezó en diciembre 2019, cuando el español Silvestre del Río, policía de menores en Mallorca, hizo un llamado a hacer un mejor uso de las nuevas tecnologías. A través de su experiencia profesional pudo percatarse de que la mayoría de los conflictos, incluso agresiones de hijos a padres, se originaba cuando éstos querían castigarlos retirándoles el celular o restringiéndoles el WiFi.

Como él mismo señala: dar un *smartphone* a un menor de 12 años es como dejarlo solo de noche en la calle.

Pero el que exista esta propuesta no es más que el reflejo de la presión que sentimos muchos padres por no "excluir socialmente" a los niños, no brindarles las herramientas necesarias para un mundo digital o, simplemente, no ser la persona favorita de la casa.

¿Cómo era nuestra vida sin las redes sociales?

En promedio, cada usuario de Facebook tiene 330 "amigos" en su perfil. En más de una ocasión me he encontrado con alguna persona que está en mis redes sociales y que incluso comenta mis posts o me felicita en mi cumpleaños pero que en la calle "no me conoce".

Nuestro celular ha sustituido al reloj, la cámara, la calculadora, el despertador, el calendario y muchas herramientas más, pero ¿puede sustituir a nuestros amigos?

Uno de los rasgos característicos de la infancia es que en esa etapa aprendemos a socializar. Nuestra interacción con nuestros hermanos, primos, vecinos y compañeros de clase nos da la pauta para gran parte de las relaciones que tendremos de adultos.

¿Qué jugábamos en el patio de la escuela? ¿Qué hacen los niños de ahora?

Muchas veces decimos que las redes sociales son todo menos eso, "sociales", y en la búsqueda de que nuestros hijos estén divertidos permanentemente, no les damos la oportunidad de aprender a la antigüita. Como dicen, nos hemos convertido en sus entretenedores. Incluso nos preguntamos: si toda su generación es así, ¿cuál es el daño al final del día?

Niños aislados, sedentarios, hipersexualizados y, especialmente, niños solos.

En una reciente encuesta sobre la generación de *millennials* (personas de 23 a 40 años), la generación de padres actuales ha manifestado que 22% dice "no tener ningún amigo", 30% "no tener mejores amigos" y 25% sentirse sin un "círculo de amigos para realizar un plan". En contraste, sólo 15% de los llamados *baby-boomers* (personas de 50 a 70 años) se siente solo.

Nuestros papás tienen más vida social que nosotros.

¿Qué esquema queremos para nuestros hijos?

Los griegos, como Aristóteles, hablaban del "justo medio". No todo lo que sucede en el ciberespacio es una amenaza. Por el contrario, podemos encontrar miles de herramientas que nos pueden apoyar en la formación de nuestros hijos. En relación con el tiempo de pantalla y el tiempo de actividades físicas, los expertos de la Organización Mundial de la Salud recomiendan que:

▶ No usemos las pantallas antes de que los niños cumplan dos años.
▶ Permitir una hora de pantalla para niños en edades de dos a cinco años.
▶ Para los niños de uno y dos años, destinar tres horas de actividad física a lo largo del día.
▶ Si son niños de tres y cuatro años, tres horas de actividad física, una de las cuales debe ser de intensidad moderada a vigorosa.

Ya hemos hablado de los riesgos por los retos virales o la presión social por recibir miles de likes. Lo que hoy podamos hacer para prevenir una adolescencia demasiado vertiginosa en la era digital será en beneficio de nuestros niños.

Aunque sería imposible vivir desconectados, podemos enseñarles el "sentido común" de lo que no debemos hacer en redes sociales, y con ello responder adecuadamente a situaciones como el Momo.

No te pierdas algunas recomendaciones para la edad prescolar de tus niños.

Apps didácticas y páginas de internet

- PlayKids: permite conocer el alfabeto, colores, números y formas.
- Dave & Ava, learn & play, nursery rhymes: ayuda a aprender inglés a través de canciones clásicas con animaciones de un par de hermanos. También incluye rompecabezas y otras actividades.
- Recorridos virtuales de museos y fotografías de museos como la Casa Azul de Frida Kahlo y el Castillo de Chapultepec.

Contenido en YouTube

- Bounce Patrol Kids: *nursery rhymes* (educación).
- Pica Pica (música). Son un fenómeno propio de internet, ya que tienen exitosas giras, pero no

cuentan con un programa de radio o televisión y utilizan muy poca publicidad tradicional.

▸ Jeje Kids: ayuda a dejar el pañal y el chupón o establecer una rutina para la hora de dormir. Tienen un enfoque muy propositivo sobre la importancia de los abrazos y el manejo de las emociones.

Páginas y redes para asesorar a padres

▸ Niños de ahora. Cuenta con herramientas muy útiles para padres de hijos pequeños y adolescentes. No solamente aborda temas digitales, por lo que es una asesoría muy completa. Visítalos en https://ninosdeahora.tv.

▸ Empantallados. Platicamos con anterioridad de esta iniciativa europea que se enfoca en la cultura digital. Conócela en https://empantallados.com.

▸ Álvaro Bilbao. Este escritor y neuropsicólogo cuenta con una plataforma y diversas redes sociales en donde brinda apoyo para la difícil tarea de ser padres y madres. Búscalo en https://alvarobilbao.com.

Para saber más:

"Dar un móvil a un menor de 12 años es como dejarlo solo de noche en la calle" [en línea]. Disponible en https://www.diariodemallorca.es/sucesos/2019/12/26/dar-movil-menor-12-anos/1473735.html.

"En YouTube Kids se subió contenido con imágenes aterradoras" [en línea]. Disponible en https://mvsnoticias.com/podcasts/segunda-emi-sion-con-luis-cardenas/en-youtube-kids-se-subio-contenido-con-imagenes-aterradoras-laura-coronado/.

"Historia del extraño video de 'Obedece a la morsa' [en línea]. Disponible en https://culturacolectiva.com/adulto/video-obedece-a-la-morsa-historia-verdadera-personaje.

"La escultura que inspiró el desafío de Momo ha dejado de existir" [en línea]. Disponible en https://codigoespagueti.com/noticias/internet/escultura-desafio-momo-ha-dejado-de-existir/.

Capítulo 9

Hijo de tigre, pintito

¿Existe algo más cruel que dos adolescentes molestando a otra?

A Deron Puro, el padre de unas gemelas que en diciembre de 2015 usaban Snapchat para hacer sentir mal a una niña afroamericana de Minnesota, le resultaba un comportamiento normal. Y no solamente eso, cuando el papá de la niña víctima, Brad Knudson, pidió una disculpa de las chicas, Deron le llamó sólo para confirmar —en un mensaje telefónico— el lenguaje utilizado por ellas, diciéndole "amante de negros" y "perdedor" por adoptar a una niña "diferente".

Afortunadamente, las redes sociales convirtieron en viral a este padre para censurar su mal ejemplo y su jefe decidió despedirlo. Para muchos, esto último fue una exageración porque no mostraba su forma de pensar en el trabajo. Pero el jefe de Deron se dio cuenta de que el comportamiento del padre de las gemelas —negligente y ofensivo— no podía verse como algo bueno o sin importancia.

Los comentarios racistas y agresivos de sus hijas lastimaban a su compañera de escuela. Y además mostraban la verdadera persona que era Deron.

Este caso le dio la vuelta al mundo porque nos ejemplifica la labor que hacemos como padres y lo poco conscientes que estamos del reflejo que son nuestros hijos sobre nuestro comportamiento.

Sin duda, las gemelas pudieron tener una actitud diferente a la de su padre, pero el entorno es un factor importante para nuestro desarrollo. La conducta de Deron Puro es claramente dañina para sus hijas y la gente alrededor de ellas. ¿La familia Puro simplemente era racista? ¿Por qué las chicas se divertían haciendo sufrir a otra persona de su edad?

Quizás ellas mismas —sin saberlo— eran víctimas de la "educación" de sus padres, pero además recibirían comentarios denigrantes hacia ellas por parte de sus familiares. Como hemos visto en otros casos, el acosador muchas veces lo único que pide es atención y ayuda.

En más de una ocasión los padres podemos ser los primeros acosadores de nuestros hijos y con la mejor de las intenciones. "Hacerlos más fuertes", "Que aprendan en la casa", "Porque nosotros crecimos así" y una serie de afirmaciones que repetimos diariamente quizá nos sirven para justificar comentarios hirientes o actitudes poco constructivas.

Hace ya varios años, un incidente con Alec Baldwin y su hija fue muy controversial. El actor fue una de las primeras víctimas famosas de contenidos que se subían a la red sin saber quién los filtraba. En medio del litigio para la custodia de su niña con la también famosa Kim Bassinger, Baldwin le dejó un mensaje en donde le decía "pequeña cerda odiosa y descerebrada" y "no me importa si tienes 12 u 11 años, que seas una niña o que tu madre sea un dolor en el c…" ya que "perdió la paciencia" porque su hija no le tomaba la llamada. Incluso, cuando ofreció públicamente una disculpa, él señalaba que tenía una relación "normal" con su familia. Efectivamente, ¿un padre debe comportarse así? Perder la compostura es fácil, pero ¿cómo debemos reaccionar ante nuestros hijos? ¿Cómo podemos ser buenos ejemplos?

Para todas esas dudas precisamente existen las redes sociales y el ciberespacio. No hay mejor lugar para consultar, intercambiar opiniones y pertenecer a grupos de personas con las mismas inquietudes que nosotros. Nunca antes tantos expertos han tenido la visibilidad necesaria para evitar la violencia familiar y los trastornos psicológicos y sociales derivados de ellos.

El resultado de padres acosadores es claro: se forma un patrón de conducta en donde se normaliza la violencia, los hijos sufren y repiten el esquema con sus hermanos o en la escuela. La agresividad tiene múltiples formas, podemos dañar a alguien con comentarios "inocentes" que pueden herirlo. Ése es justamente el límite: no lastimar al otro.

¿No podemos jugar con nuestros amigos o familiares en las redes sociales?

Rob Lowe es un actor famoso que ha participado en cine y televisión desde que era pequeño. A pesar de los muchos años que lleva trabajando en Hollywood, su perfil está muy alejado de los escándalos que vivió en algún momento de su carrera. No por ello, no tiene una vida activa en redes sociales. Sin embargo, últimamente su cuenta en Instagram ha causado revuelo. ¿Por qué tanto interés por sus publicaciones? Sus hijos, John y Mathew, lo trolean constantemente. ¿Qué tipo de bromas se hacen? Simpáticas, pero ninguna ofensiva.

Otro claro ejemplo de diversión en las redes sin molestar a nuestros hijos: Tik Tok. Esta plataforma de videos se ha convertido en una opción "familiar" para famosos y otros que no lo son tanto. Desde Victoria Beckham bailando una canción de las Spice Girls con su hijo o Alex Rodríguez mostrando con su pequeña que no sólo su pareja Jennifer López sabe bailar, los videos muestran que se puede jugar y ser creativo a pesar de la diferencia de edades. En México ya se conoce a la actriz Erika Buenfil, de 56 años, como "la reina de Tik Tok" y su hijo aparece en muchas de sus participaciones.

¿Cuáles son algunas conductas violentas que hacemos sutilmente y que pueden generar niños acosadores?

▸ Aislar a cierto compañero. Es clásico decir: "No te juntes con ese niño", pero no nos damos cuenta de que nadie soporta la indiferencia. Ésta lastima mucho a cualquier edad. Según contó su madre en Facebook, el mejor día del año para Teddy, un niño de Arizona, es su cumpleaños. Con ilusión invitaron a sus 30 compañeros de clase a una pizzería y ninguno de ellos llegó. Más allá de que se hizo viral la historia e invitaron al niño a un partido de los Laker's para "compensarlo", ¿por qué los padres no llevaron a sus hijos al festejo? ¿No pensaron en los sentimientos del niño y su familia? Los niños no nacen con prejuicios, pero nosotros muchas veces se los enseñamos a edades muy tempranas.

▸ Jugar es lo importante. ¿No prefieres que tu hijo participe en otras actividades? Ésta es una pregunta "inocente" que muchos padres lanzan porque hay un niño que "baja el nivel del equipo". No necesariamente tendremos futbolistas exitosos entre nosotros, pero gran parte de las horas extraescolares se destinan a cuestiones deportivas. La destreza o la madurez de los niños no es idéntica, aunque tengan la misma edad. Sin embargo, hay padres que sienten que están en las ligas profesionales y no soportan al niño que "deberían dejar siempre en la banca".

▸ ¡Dale, dale, dale! El típico grito en las fiestas infantiles para romper la piñata. ¿Cómo nos comportamos las madres en ese "momento cumbre" del evento? Un detalle tan pequeño como éste habla mucho de nosotras y de cómo educamos: desde aquella que "ayuda" a que su hijo se salte la fila o quien recoge los dulces porque sus hijos "no pueden", sin importar que hay niños pequeños, hasta la que se enoja porque los dulces eran "de lo más barato".

▸ Te quiero mi "bicho", "pulga", "changuito". Los mexicanos somos demasiado creativos cuando estamos frente a los apodos. Si desde la casa les enseñamos a nuestros hijos a buscar sobrenombres para sus amigos y que entre más ofensivos, son más graciosos, algo estamos haciendo mal. Nada tiene de inocente llamarle a alguien tartamudo "el remix". Una cosa es referirnos a una persona con cariño y otra, muy diferente, buscar un defecto físico, en su temperamento o sus cuestiones familiares para reírnos. Si nosotros, además de bautizarlos con un nombre, les ponemos un apodo que puede dañar su autoestima, somos sus primeros *bullies*.

Y a propósito de todo esto, no podemos dejar de lado los famosísimos —y temidos— chats de mamás. Éstos se han convertido en una herramienta para agilizar el día a día de los colegios y puede ser una inmejorable forma de "estar al tanto". El problema es que muchas no sabemos cómo usarlos. En el mejor de los casos, terminan perdiendo el propósito para el que fueron creados. Por desgracia, también pueden alejar a las personas, siendo el escenario perfecto para guerras entre las familias o en contra de las maestras o escuelas.

¿Un reglamento para el uso de los chats?

Ante una generación cada vez más "whatsappera", quizá sea un paso que debemos dar.

¿Una exageración? Si todos —en cualquier ámbito— nos portáramos bien, las leyes no tendrían razón de ser. Lamentablemente, estamos muy lejos de vivir en el Nirvana.

¿Algo inútil? Si nadie lee, definitivamente esta iniciativa, o cualquier otra, no puede funcionar. En más de una ocasión he visto cómo alguien pregunta sobre un tema abordado minutos antes pero que "le da flojera buscar".

¿Cómo hacer que funcione un chat?

▶ La esencia del chat. No quiere decir que todo sea "formal" y que un emoji o sticker sea el fin del mundo, pero esto no debe hacer que se pierda el mensaje principal. ¿El chat es de Kínder C? Entonces obviamente no necesitamos colocar en él:

▶ La información que nos dieron en otro colegio de otro de nuestros hijos.

▶ Las fotos de nuestro "niño-genio" mientras hace la tarea.

▶ Memes, cadenas de oración o cualquier otro contenido ajeno al tema del chat. Un "pequeño comercial" sobre la actividad a la que nos dedicamos no está mal al presentarnos, pero no podemos inundar de "ofertas" los chats que no son de interesados en nuestros productos o servicios.

Por el contrario, si el chat es de amigas o memes, pues obviamente ahí podremos mandar todo tipo de contenidos que no sólo serán bienvenidos sino compartidos.

▶ Mensajes cortos, ideas claras. Es muy bonito saludar y despedirse, mientras no implique que después de media hora de no estar en el celular tengamos 100 mensajes que respondan un "igualmente", ya que se pierde el aviso. Algo muy común de "los abuelos de esta generación" es que son miembros de chats familiares. Comúnmente, en ellos se saludan varias veces al día, y pueden llegar a saturar a otros con los mismos mensajes. Pertenecer o no a estos grupos puede ser un tema delicado, pero es preferible ser solamente integrantes de los grupos que nos interesan y en los que vamos a participar o leer la información.

▸ Lo que es personal no es grupal. Que llegue a los destinatarios a los que se dirige el mensaje que queremos transmitir es algo básico. ¿Ponernos de acuerdo en un *playdate* o en la ronda? Eso no es de interés de todo el salón. Resolverles la vida a nuestros hijos es una tentación en común, pero ¿pedir la tarea? Sólo en caso de excepción y siempre es preferible buscar a una mamá en particular que saturar en los chats.

▸ El mal humor se contagia. Idealmente, quien arma el grupo debería de enviar un mensaje inicial que a manera de bienvenida diera las bases para saber el propósito y el uso de las conversaciones. En la era del *networking*, designar un "viernes de avisos" en donde se puedan esperar sólo este tipo de mensajes puede ser de mucha ayuda. Sin embargo, estas reglas no deben servir para regañar, poner en evidencia o sacar el lado menos amable en las conversaciones. ¿Cuál es nuestra reacción cuando alguien se equivoca? ¿Hacemos leña del árbol caído? ¿Eso nos gustaría que le hicieran a nuestro hijo?

▸ Que sea el canal adecuado. ¿Quejarnos de la escuela? Sin duda existirán años escolares mejores que otros. Profesores con los que nosotros o nuestros hijos tendremos más "química", pero nadie quiere escuchar una larga serie de anécdotas, quejas y lamentos que no conducen a nada. Claro que es lógico preguntar a otras personas en las mismas condiciones cuál es su experiencia, pero ello no quiere decir que todos los días estemos dándole vueltas a lo mismo. Una reunión breve pero clara con el personal del colegio puede evitar que abrir el chat signifique un dolor de cabeza.

A continuación presentamos un pequeño test sobre algunos lugares comunes de los padres que pueden lastimar con nuestra visión del mundo a quienes más queremos:

1. Si mi hijo me dijera que alguien lo molesta en la escuela, mi respuesta sería:
   a. Defiéndete, no necesitas de mí.

b. Pobre de ti si te dejas.

c. Habla con un profesor o autoridad de la escuela.

2. El tono que uso en mis redes sociales, y especialmente en mis chats, es:

    a. Irónico para que me entiendan.

    b. Tajante porque no tengo tiempo para tonterías.

    c. Cordial y sólo profundizo cuando mi respuesta es necesaria.

3. La forma en la que me dirijo a mi pareja primordialmente es:

    a. Burlona porque nos tenemos confianza.

    b. Brusca porque estamos a la carrera pero no nos importa.

    c. Amable porque hay que empezar en casa con un ambiente sano.

4. Si les preguntara sobre el carácter de mi hijo a sus compañeros, me gustaría que me dijeran que es:

    a. Mandón porque siempre quiere imponer su voluntad.

    b. Ingenioso porque no pierde la ocasión para reírse de los demás.

    c. Educado, respetuoso y alegre, ya que puede ser amigo de todos.

5. Cuando sea un adulto mayor, espero que mis hijos se dirijan a mí:
   a. De vez en cuando, porque en pocas ocasiones busco a mis padres, ya que me aburren sus achaques.
   b. Con temor, porque aunque sean grandes me deben de obedecer.
   c. Con cariño, porque siempre hemos tenido una buena relación.

Obviamente, si la mayoría de las respuestas se refiere a los incisos *a* y *b*, somos unos *bullies* que necesitamos reconsiderar nuestras acciones.

Para saber más:

"Apodos manchados de nuestra infancia" [en línea]. Disponible en https://www.chilango.com/general/checa-nuestra-antologia-de-apodos-manchados/.
"Baldwin, a los tribunales por llamar a su hija 'cochina descerebrada' [en línea]. Disponible en https://elpais.com/elpais/2007/04/23/actualidad/1177310931_850215.html.

"Érika Buenfil continúa siendo la sensación en Tik-Tok con nuevos videos" [en línea]. Disponible en https://www.debate.com.mx/show/Erika-Buenfil-continua-siendo-la-sensacion-en-Tik-Tok-con-nuevos-videos-20200314-0264.html.

"Famosos que probaron TikTok con sus hijos", [en línea]. Disponible en https://www.youtube.com/watch?v=k65WD2ie35U.

"Los hijos de Rob Lowe no paran de trolearle en Instagram, y es divertidísimo (15 imágenes)", [en línea]. Disponible en https://www.boredpanda.es/hijos-rob-lowe-trolls-instagram/?utm_source=google&utm_medium=organic&utm_campaign=organic.

"Los invita a su fiesta de cumpleaños y nadie asiste" [en línea]. Disponible en https://www.excelsior.com.mx/trending/los-invita-a-su-fiesta-de-cumpleanos-y-nadie-asiste/1273609.

"Mamás whatsapperas" [en línea]. Disponible en https://www.bbmundo.com/comunidad/blogs/mamas-whatsapperas/.

"Viraliza un emotivo vídeo denunciando el racismo y el acoso que sufre su hija", [en línea]. Disponible en https://www.cuatro.com/noticias/sociedad/padre-viraliza-denunciando-racismo-sufre_0_1932000631.html.

Capítulo 10

#TeInformoJoaquín: los *trending topics* y las *fake news*

#FuerzaMéxico es uno de los hashtags más mencionados en la historia de nuestro país. Surgió de manera espontánea y natural ante la tragedia del sismo del 19 de septiembre de 2017. ¿Cómo podíamos canalizar la solidaridad que caracteriza a los mexicanos? Las redes sociales se convirtieron en el vehículo perfecto. En tiempo real se sabía de las necesidades y cómo llegaba la ayuda.

Ante escándalos de corrupción y la ineficiencia para responder inmediatamente por parte del gobierno, la sociedad en su conjunto decidió afrontar la situación "pasando la voz" a través de esta etiqueta en

Whatsapp, Facebook y Twitter. Incluso organismos como la Cruz Roja y las instituciones públicas no tuvieron opción más que sumarse.

Hoy más que nunca vivimos en una sociedad interconectada y las redes no sólo atraen los peligros sino muchas ventajas. Sin embargo, no estamos acostumbrados a manejar tanto poder. Aunque existieron tuits controvertidos o cuentas para verificar la información, en términos generales la sociedad fue muy consciente y participativa. ¿Cómo pasamos de procrastinar en el ciberespacio a convertirnos en adictos a subir contenidos en internet y comentar —de manera constructiva o no— en otros perfiles?

Ahora todos somos reporteros y comentaristas de los temas de actualidad. Si se trata de temblores, todos sabemos de construcción y permisos. Si es del tipo de cambio, todos somos grandes inversionistas. Todos queremos opinar y que nuestra voz se escuche. Esto fortalece a la libertad de expresión pero también crea espacios para comentarios fuera de lugar. Por ejemplo, las críticas a la película *Roma* de Alfonso Cuarón fueron en ambos sentidos "implacables": o te encantaba el filme o tenías que odiarlo por completo. No cabía un punto intermedio.

Estamos en la época de la "polarizaron" en todos los ámbitos. Si no es en el entretenimiento, con series como la de *Cortés*, lo es en la política, con los chairos o fifís, o en los deportes. Todo tiene que ser inmediato y entendible en pocos caracteres. Pero los *trending topics* pueden ser de mucha ayuda. ¿Cómo se organizó la protesta del 9 de marzo de 2020 con motivo del Día de las Mujeres?

Todo comenzó con el póster elaborado por un colectivo de Veracruz, las Brujas del Mar, quienes convocaban a realizar un paro nacional y que fue compartido en diversas plataformas y perfiles de Instagram, Facebook y Twitter, y en unas horas se habían sumado miles de mujeres con una gran empatía por la convocatoria. Pegar una imagen en la plaza pública no hubiera tenido, obviamente, el mismo efecto. El tema es qué es lo que hace que nos conectemos con un hashtag o si los que usamos son para agredir a los demás.

La empatía ante un llamado en contra de la violencia resulta hasta lógica después de vivir crímenes que habían conmocionado a la sociedad. Sin embargo ¿por qué la solidaridad del 9-M no fue igual ante un fenómeno que sucedió unos días después como el brote del coronavirus?

Las teorías conspiracionistas, y especialmente las *fake news*, crean una atmósfera de desconfianza y saturación. Ante una pandemia, no todos los ciudadanos quisieron hacer caso de la fase de contención y viajaron a destinos turísticos en los primeros días del brote en México. "Los chinos no me van a decir qué hacer", "Es negocio de Lysol y las empresas de tapabocas" o "Leí que los reptilianos están detrás del virus" son solamente algunas de las afirmaciones colocadas en cientos de posts.

Los temas relacionados con la salud siempre son controvertidos. Para todo "estudio serio" encontraremos otro, igual de serio, que dice exactamente lo contrario. Las vacunas para los niños, la intolerancia a la lactosa o al gluten o los problemas de obesidad pueden ser objeto de grandes debates en las redes sociales. ¿Por qué estamos en la era del Doctor Google?

Algunas encuestas muestran que ocho de cada 10 usuarios de internet realizan consultas médicas en los buscadores de internet. Incluso existe un dato más alarmante: 57% de los pacientes que acudieron con un médico buscaron ampliar información de sus tratamientos. ¿Por qué lo hacemos? Nada es más sencillo que consultar al "médico de cabecera" si éste se encuentra en la palma de nuestra mano y al momento de despertarnos. ¿Cuál es el peligro? Estamos frente a un fenómeno llamado la "cibercondria", una excesiva preocupación por la salud que puede perjudicarnos más de lo que creemos. ¿Algo más alarmante? Que diagnostiquemos a nuestros hijos.

Dos son los temas que más preocupan a las mamás *millennials*: la seguridad y la alimentación. Éstas serán nuestras principales búsquedas y se las dirán al famoso algoritmo, es decir, a las plataformas. En más de una ocasión, al subirme al auto, mi celular me dice "los minutos a los que estoy por llegar a mi destino", algo que a veces ni mi marido sabe. Estamos alimentando constantemente de nuestra información al ciberespacio y, a su vez, éste nos proporciona todos los datos que creemos necesitar.

¿Qué es lo que nos detenemos a leer?

Las noticias falsas generalmente están diseñadas para llamar nuestra atención. Tienen como componentes ser sensacionalistas y alarmantes. Pretenden avisarnos sobre situaciones preocupantes que pueden dañarnos irreparablemente. El problema es que "vuelan" a ritmos vertiginosos y después de quedar en "el aire" es difícil evitar la propagación de información falsa, inexacta e incluso difamatoria. Las mamás somos expertas en difundir contenidos para "ayudarnos entre nosotras". ¿Verificamos lo que recibimos?

Hace más de 10 años empezó a postearse en Facebook una "alerta" sobre un lote de papillas de Gerber, sabor manzana, que estaba defectuoso. Según se señalaba en la publicación, se pedía regresar ese alimento para bebés a los proveedores y se incluía un número telefónico. Durante horas, miles de madres compartían el post en donde se incluían hasta los números de los lotes. ¿Cuál era la realidad? Estábamos frente a un rumor o, como decimos vulgarmente, ante un chisme mal contado.

El post derivaba de una noticia de España en donde Nestlé (la misma empresa de Gerber) anunciaba la salida del mercado de los productos de "zanahoria con arroz" y de "spaguetti, tomate y carne" de una línea llamada Naturenes. Dichos productos no cumplían con el requisito de aquel país: mencionar que contenían gluten. Si vemos a detalle, es grave la situación, pero no era propiamente Gerber, eran otros sabores y la línea no se vendía en México. Sin embargo, el daño ya estaba hecho: en la mente de una mamá primeriza queda la duda de si Gerber envenena a los niños con lotes comercializados que están defectuosos.

Apenas dos años después, se empezó a compartir nuevamente información en redes sociales en nuestro país sobre un lote con pedazos de vidrio. Se trataba ahora de un incidente en Francia, sobre la línea P'tit Pot recette banane. Claro que es preocupante, pero en realidad ¿sabemos si es cierto? ¿Se siguen los mismos procesos de elaboración en Europa que en otras regiones? En realidad no importa. Lo relevante es mostrarnos como "madres preocupadas y pendientes de nuestros hijos en las redes".

¿Quiénes se benefician de las *fake news*? Muchas personas. Hay páginas a las que el "tránsito" les garantiza publicidad. Canales de YouTube que monetizan el número de visitas. Entre más escandalosa sea la nota, será más fácil que circule inmediatamente. ¿Has visto los encabezados de periódicos como *Alarma* o *El Gráfico*? Las noticias falsas y los videos del "amigo del amigo" son su versión 2.0.

¿Cómo detectar una noticia falsa? Haciéndonos preguntas como las siguientes:

▸ ¿Estamos frente a un texto original o es algo que se ha copiado o reenviado en una o varias ocasiones? Esto nos permite saber si hay alguien responsable de la publicación.

▸ ¿Es una noticia local, regional o global? En muchas ocasiones leemos el encabezado y no el texto en su totalidad, primero compartimos y luego, si bien nos va, nos detenemos a ver qué dice la página y si tiene sentido compartirla.

▸ ¿La fuente es de un medio de comunicación serio? ¿Es una página conocida? Muchos periódicos y revistas que llevan años en el mercado han caído en difundir noticias falsas, pero en la mayoría de los casos sí existen ciertos filtros.

▸ ¿Es broma o es en serio? No es lo mismo lo que hablamos que lo que escribimos. En más de una ocasión a alguien se le ha interpretado demasiado literal en algún chat y ha creado confusión o enojo. Sin duda, la realidad mexicana supera la ficción pero páginas como "El Deforma" precisamente juegan con ello.

▸ ¿La cita es real? Nunca estuve enterada de cuántos de mis amigos tenían a un epidemiólogo "de lo más reconocido" en sus familias hasta el brote del coronavirus. Muchas veces recibimos información de "primera mano" que en realidad es del "primo de un amigo del vecino de mis abuelos".

▸ La postura o forma de ser de quien lo publica. Nada más importante que "contextualizar". Eso no lo puede hacer el algoritmo por nosotros. No debemos olvidar una pregunta que nos hacíamos de pequeños: ¿y qué gana con que yo me entere de eso? Muchas veces son estrategias para vender productos o servicios, otras más son de buena fe pero que no se detienen a ver si desinforman más de lo que en realidad aportan.

La historia de Quaden Bayles nos hizo llorar a todos. Su nombre se convirtió en *trending topic* durante varios días. En un video que subió su madre, el pequeño australiano de nueve años decía desesperado y entre lágrimas que "quería morirse" después del *bullying* que sufría en la escuela. Sus compañeros lo molestaban por sufrir de enanismo. Las miles de reproducciones del video llegaron a famosos como Hugh Jackman, quien le envió un mensaje diciéndole que "él quería ser su amigo", y al actor y comediante Brad Williams, que tiene la misma condición médica y quien consiguió un viaje a Disney para Quaden.

¿Por qué fue tanto tiempo *trending topic*?

Casi al mismo tiempo que veíamos una historia con final feliz, empezó a circular un post diciendo que todo era un montaje: Quaden era mayor de edad, sus padres se beneficiaban de su enfermedad, era un famoso "instagramero", ya había salido en la televisión local y un larguísimo etcétera. ¿Cuáles eran las pruebas? Alguien vio una foto de Quaden vestido como una persona de mayor edad. Otra persona encontró un documental en donde aparecía, aunque no se detuvo a ver la edad de Quaden. Una vez más el niño y, ahora su familia, fueron blanco de comentarios mordaces y agresivos. Tuvieron que cerrar sus redes durante unos días ante el ciberacoso.

Ante tanta curiosidad, la mamá de Quaden terminó presentando un video en donde mostraba pruebas irrefutables de los nueve años del niño. ¿Alguien se detuvo a compartir este nuevo contenido? ¿Muchos de los "conspiracionistas" ofrecieron disculpas? Tristemente, cientos de personas se quedarán con la idea de que la historia de Quaden fue un truco, nadie preguntó si los compañeros de la escuela lo habían dejado de molestar y pocos consultaron acerca del enanismo para tomar medidas más incluyentes.

Como conclusión, podemos ver que "lo más popular" no necesariamente es lo mejor ni lo cierto, y que confiamos mucho en lo que vemos en las redes sociales. Si nosotros como adultos nos dejamos llevar por lo primero que leemos, ¿cómo darles herramientas a nuestros hijos para que filtren la información?

El secreto se encuentra en lo que buscamos. Aplicaciones como Pinterest pueden ayudarnos a encontrar material adicional y grandes ideas para tareas y actividades en vacaciones, listas de alimentos nutritivos y agradables para el lunch, tips en horarios o simplemente memes para "suavizar" alguna regla que nuestros adolescentes no quieran seguir.

En el siguiente enlace puedes leer sobre las "pifias" en las que incluso comunicadores serios han caído con las *fake news*. Comunicadores caen en la Fake News sobre lesión de Federico Viñas: https:// www.youtube.com/watch?v=SmZv7pV4uHE.

No te pierdas la campaña de "Don't google it!" en Inglaterra para evitar la "cibercondria" en el enlace https://www.youtube.com/watch?v=PxWehOU0_ oQ&t=7s.

Para saber más:

"6 trucos para detectar las 'fake news' gracias a maldito bulo" [en línea]. Disponible en https:// www.pantallasamigas.net/6-trucos-detectar-fake-news-noticias-falsas-posverdad-maldi-to-bulo/.

"Doctor Google" [en línea]. Disponible en https://www.elsoldemexico.com.mx/analisis/doc-tor-google-4978858.html.

"#EtiquetaLoQueSea: el verdadero poder de las re-des sociales" [en línea]. Disponible en http://re-vistafal.com/etiquetaloquesea/.

"Mamá de Quaden enfurece por 'fake news' y cierra sus redes sociales" [en línea]. Disponible en ht-tps://www.excelsior.com.mx/trending/mama-de-quaden-enfurece-por-fake-news-y-cierra-sus-redes-sociales/1366662.

"Mujeres offline: las redes sociales y el empoderamien-to de la sociedad" [en línea]. Disponible en http://revistafal.com/mujeres-offline-las-redes-socia-les-y-el-empoderamiento-de-la-sociedad/.

"Nestlé ha retirado del mercado 2 tipos de papi-lla Naturnes" [en línea]. Disponible en http://www.webdelbebe.com/noticias/nestle-ha-reti-rado-del-mercado-2-tipos-de-papilla-naturnes.html.

"Potitos de Nestlé con trozos de cristal dentro" [en línea]. Disponible en https://www.bebesymas.com/alimentacion-para-bebes-y-ninos/potitos-de-nestle-con-trozos-de-cristal-dentro.

Capítulo 11

De Cenicienta a Madrastra

Después de analizar un gran número de casos sobre famosos, no me queda más que hablar de mi experiencia. La pandemia, al igual que a muchas mamás, me arrastró. En más de una ocasión me sentí como náufrago y damnificada. Y en un mismo número de veces me sentí en un "mariantonietazo" por quejarme de un encierro cómodo. La realidad es que nadie estaba preparado. No tenemos referentes en otras generaciones. Las exigencias se elevaron exponencialmente.

¿Cómo lograr un equilibrio con las pantallas si ahora los niños estudian por videollamadas? ¿Cómo dejar de distraernos con Tik Tok? ¿Cómo evitar no sentirnos aburridos? ¿Cómo convertirnos en padres de tiempo completo cuando ya nos sentíamos rebasados contando con la escuela presencial? ¿Éramos tan felices y no nos dábamos cuenta?

Los primeros días parecían unas vacaciones improvisadas, pero el encierro comenzó a prolongarse. Las imágenes de hospitales, los discursos políticos vacíos, la sobreinformación de las características del virus y sus síntomas, las reacciones o ausencia de ellas por parte de los colegios, el *home-office*, la distancia con amigos, comenzaron a crear incertidumbre. Incluso se habla de distintas etapas dentro de la contingencia.

Para efectos de la cultura digital para papás, la pandemia ha sido también un parteaguas. ¿Los seres humanos estamos diseñados para el confinamiento? ¿Las redes nos ayudan o nos perjudican?

De pronto pasé de ser la protagonista del cuento de hadas *La Cenicienta* a convertirme en la peor de las antagonistas: una Madrastra. Así, de golpe fui una madre gritona, intentando combinar el trabajo con las tareas escolares, manteniendo la casa en orden, procurando silencio para las videoconferencias de mi esposo, pensando si ya habíamos comido demasiadas veces pollo y llorando cada noche por sentirme cansada, preocupada y preguntándome cómo las redes estaban inundadas de gente aprendiendo un idioma, tocando guitarra y preparando panqué de plátano.

Se nos ha exigido mucho a las madres. El trabajo de las mujeres aumentó 30%. Las cifras de violencia intrafamiliar se han disparado. La crisis económica por el cierre de giros "no esenciales" tampoco ha ayudado. Estamos viviendo un cambio social que ha detonado muchas modificaciones en nuestra vida diaria.

Pero hablábamos de que la pandemia ha tenido sus etapas. Tras una dinámica que cambió profundamente, y meses de trabajo, también hemos tenido un lado positivo.

¿Qué habría pasado si la pandemia hubiera ocurrido en los años ochenta?

Cientos de miles de niños y jóvenes estarían perdiendo un par de años escolares efectivos, ya que estaríamos sólo con la educación por televisión. Aunque el teléfono hubiera ayudado, estaríamos aún más aislados. No es justo criminalizar internet. El abuso del mismo, por escuelas o empleadores, no es su culpa.

El furor por subir contenidos a las redes sociales se exacerbó y el uso del *streaming* llegó a niveles inesperados por las empresas, pero también es cierto que las compras electrónicas mantuvieron activas muchas industrias y el *home-office* permitió un mayor acercamiento entre padres e hijos.

¿Qué nos depara el futuro?

El Principito nos enseña que "sólo se ve bien con el corazón, lo esencial es invisible a los ojos", y la pandemia nos obliga a ver efectivamente qué es esencial.

Francamente no extraño levantarme tan temprano, preparar lunch o esperar largas horas a la salida del colegio. Obviamente seré la primera en la fila cuando puedan regresar a las aulas, daré permisos con emoción cuando las inviten a jugar, recibiré con alegría en mi casa y no me aburriré tanto en las fiestas infantiles.

Como nunca, la palabra resiliencia cobra sentido. Quizás ésa sea la gran lección. Todos nos estamos ajustando —mejor o peor— a los cambios. Muchos de ellos eran inevitables y necesarios.

Los colegios no podrían tener padres más involucrados que ahora. Ni más exigentes. La pandemia ha demostrado las fallas en la educación y en algunos educadores. También ha mostrado grandes esfuerzos de profesores y alumnos por aprovechar las herramientas digitales.

Como hemos dicho, las redes sociales pueden apoyarnos para estar informados, divertirnos, aprender, conocer. En una idea: buscar lo bueno, lo bello y la verdad. Así describían en la Antigüedad lo que es la felicidad.

Hoy más que nunca necesitamos saber de cultura digital.

Para saber más:

"Comprendiendo el impacto de la pandemia en las mujeres que trabajan" [en línea]. Disponible en https://www2.deloitte.com/mx/es/pages/about-deloitte/articles/impacto-de-la-pandemia-en-las-mujeres-que-trabajan.html.

"La pandemia paralela: las mujeres trabajan más y duermen menos debido al covid-19" [en línea]. Disponible en https://enlacelatinonc.org/la-pandemia-paralela-las-mujeres-trabajan-mas-y-duermen-menos-debido-al-covid-19/#:~:text=En%20EUA%2C%20sus%20investigaciones%20muestran,horas%2C%20principalmente%20en%20trabajos%20pagados.

Capítulo 12

No corro, no grito, no empujo

Más que una lista de consejos o, peor aún, de prohibiciones, a continuación trataremos de enumerar una serie de conductas "deseables" dentro de las redes sociales para evitar los riesgos innecesarios en el ciberespacio.

CHECKLIST **para** EVITAR EL CIBERACOSO

▸ Evitar tomar demasiado en serio o "personal" todos los comentarios.

- Utilizar lenguaje que no implique otra agresión en redes sociales.
- De ser necesario, explicar la situación de manera desapasionada, pero es mejor no contestar.
- Encontrar algo positivo del comentario.
- Salirse de redes sociales no es la mejor opción, la indiferencia molesta más a los acosadores y no debemos aislarnos.
- En su caso, denunciar en la plataforma y bloquear al acosador.
- Acudir a las autoridades si es necesario.

CHECKLIST para EVITAR LA ADICCIÓN A REDES SOCIALES

- Establecer un límite de horas al día o a la semana del uso de dispositivos.
- Encontrar espacios en donde no se permite el uso de celulares. Por ejemplo, la hora de la comida o el momento para hacer tareas.
- Depender menos de la tecnología. Por ejemplo, pensar la mejor ruta sin usar una aplicación, hacer los cálculos matemáticos mentalmente, aprendernos números de nuestros familiares.

▶ Fomentar la ecología al recargar sólo una vez al día nuestro dispositivo. Esto nos refleja cuánto tiempo pasamos visualizando contenido y cuántas *apps* tenemos descargadas.

▶ Retarnos una vez a la semana a reducir nuestras horas en el celular, no revisar más de dos veces al día una red social, hablar en lugar de mandar notas de voz o cualquier otro tipo de desafío que nos desenganche un poco de las redes sociales.

CHECKLIST **para una** IDENTIDAD DIGITAL SANA

▶ Evitar subir imágenes que puedan avergonzarnos, poner en evidencia a los demás o ser sacadas de contexto.

▶ Recordar que lo que está en la red se queda en la red porque deja de pertenecernos.

▶ Ser parte sólo de aquellas redes que nos interesan y comprendemos cómo es su configuración.

▶ Reflexionar antes de publicar sobre el contenido que deseamos compartir.

▶ Pensar antes de aceptar "amigos" o seguidores que no correspondan con el entorno digital que queremos.

- ▶ Evitar proporcionar datos personales en redes sociales.
- ▶ Respetar los comentarios y opiniones de los demás.

CHECKLIST **para las** *SELFIES*

- ▶ Los likes no son todo en la vida. Nuestra vida no puede girar alrededor de cuánta aceptación creemos tener de los demás.
- ▶ Arriesgar la vida por ser intrépidos con nuestras imágenes puede ser más peligroso de lo que parece.
- ▶ Reflexionar sobre la imagen que queremos dar a los demás; cada vez más empleadores consultan las redes para conocernos mejor.
- ▶ Usar filtros sólo cuando no sean en exceso, ya que pueden dejarnos irreconocibles para los demás.
- ▶ Recordar que lo que aparece en las pantallas no necesariamente es real.
- ▶ Evitar subir contenido sólo porque estamos aburridos.
- ▶ ¿Qué tipo de seguidores deseamos? Comprar *followers* es casi tan triste como pagarle a alguien para que salga contigo.

▶ Sólo aquellas personas que saben manejar la fama y potenciar sus habilidades son las que, a largo plazo, pueden seguir vigentes.

CHECKLIST **sobre los** RETOS VIRALES

▶ Nuestra vida e integridad no pueden ponerse en juego por un reto.
▶ Los desafíos pueden ser una forma de divertirnos, pero no podemos destinarles más tiempo que a otras actividades.
▶ Los padres somos quienes debemos tener "la cordura" y ser una buena guía para que los niños decidan en qué tipo de reto quieren participar.
▶ Nuestro comportamiento no debe convertirnos en una lady o lord.
▶ Decir que no a un reto viral también puede ser muy valiente.

CHECKLIST **sobre lo que debemos enseñar para**
NO TENER UN HIJO *BULLY*

▶ Un muy mal principio es premiar por realizar comentarios altivos, discriminatorios o con aires de superioridad.

- Enseñar a buscar la aceptación de los demás a costa de otros no garantiza que sean nuestros amigos o nos respeten.
- Hay momentos para ser el líder y otros para ser uno más del equipo, no siempre tenemos que ganar.
- Nunca debemos imponer nuestra visión, es mucho más enriquecedor aprender de los otros.
- Ser empáticos nos ayudará a ser mejores personas y entender mejor a los demás.

CHECKLIST **sobre** *GAMERS*

- Los juegos en línea pueden fomentar destrezas físicas o analíticas, elijamos aquellos que no inciten a la violencia.
- Busquemos contenidos que permitan el trabajo en equipo y aprender a ganar y a perder.
- Establecer horarios y reglas claras sobre el uso de videojuegos para equilibrar los tiempos de ocio con otras actividades.
- Los videojuegos deben estar en lugares comunes para evitar el aislamiento.

▶ Los pequeños no nacieron con la *tablet* integrada, procuremos no dárselas a la menor provocación sino como la última de las herramientas.

▶ Planeemos nuestras actividades considerando a nuestros hijos: ¿Vamos a un restaurante o a consulta con el pediatra? Incluir en nuestro bolso un libro para colorear, *stickers* o darles a ellos la opción de elegir qué juguete los acompañará puede evitar una escena de llanto.

▶ Equilibremos las horas de ejercicio y actividades al aire libre con juegos tradicionales según la edad de nuestros hijos: rompecabezas, figuras de madera, muñecas de tela, libros. Tendrán las mismas o mejores herramientas de abstracción que si pasan tiempo frente a la pantalla.

▶ Prohibir nunca es buena opción. Lo importante, al igual que sucede con la comida, es tener a mano opciones adecuadas. Después de todo, es parte de la infancia un dulce y ver caricaturas, programas de acción, historias encantadas y un larguísimo etcétera.

▶ Involucrémonos con sus intereses, en la medida en que veamos contenidos con ellos, éstos serán de mayor calidad.

- Evitemos las pantallas en trayectos cortos o cotidianos en el auto, ver la naturaleza, jugar "veo-veo", contar vehículos rojos, encontrar vacas en la carretera o simplemente cantar son oportunidades de crear vínculos con ellos.
- Aburrirse no está mal. La casa o el auto podrán estar más desordenados en muchas ocasiones, encontrar *slime* o etiquetas en las ventanas no es un momento ideal, pero descubrir nuevos juegos con objetos viejos es un incentivo para la creatividad. Fijemos reglas para evitar, en lo posible, momentos innecesarios. Enseñemos que "el que ensucia, limpia".

CHECKLIST **para** NO *BULLEAR* A
NUESTROS HIJOS

- Nos gustarán más algunas amistades que otras. Existirán edades en las que nuestra opinión tenga más peso. Antes de criticar o prohibir que se "junten con ese niño" o "hablen demasiado con esa niña" veamos qué es lo que les gusta de él o de ella y por qué se han vuelto tan cercanos.
- Nuestros comentarios deben ser con afecto. Recordemos ser cautelosos en cómo hacemos las

críticas. Muchas veces no es lo que decimos sino cómo y en dónde lo hacemos.

‣ Dirigirnos a ellos como lo que son, personas, nos dará la oportunidad de sorprendernos con su forma de ser y entender el mundo. Detenernos a escucharlos en un mundo de prisas a veces no es fácil pero sí es importante.

‣ Tengamos presente que no son extensiones de nosotros ni la forma de que nuestros sueños frustrados se cumplan.

‣ Somos sus primeros ejemplos, no hay nada más vergonzoso que cuando nos cachan en una mentira, siendo groseros u olvidando una regla que les exigimos cumplir a ellos.

CHEKCLIST **para la** ERA DE LAS *FAKE NEWS*

‣ Verificar la información que recibimos; nada mejor que el propio ciberespacio para conocer si es una fuente confiable.

‣ Leer el texto completo antes de compartir.

‣ Contextualizar los datos o imágenes para saber si son ciertos.

‣ Reflexionar antes de difundir la información, seamos el primer filtro con un pensamiento crítico.

PALABRAS *COOL*

ALGORITMO: Generalmente se le denomina así al proceso por el que, a través de fórmulas, se le ordena a un sistema computacional que detecte cierto lenguaje. Puede servir para múltiples usos, como identificar posibles compradores, dirigirse a ciertos sectores de la población como votantes, o bien, para censurar.

BOOKTUBERS: Creadores de canales en YouTube en donde se reseñan libros. Para algunos son el aspecto positivo de los influencers.

BOTS: Programas informáticos generalmente enfocados a realizar tareas repetitivas y que usualmente se dedican a comentar perfiles para "engrosar" sus "seguidores" o la interacción con ellos.

BULLYING: Es un tipo de violencia que consiste en un comportamiento o una serie de conductas repetidas, agresivas, unilaterales y abusivas que se realizan con la intención de lastimar a quien las recibe y a quien no es capaz de defenderse o responder en la misma proporción en la que se le está atacando.

CULTURA DIGITAL: Es un conjunto de conocimientos que nos permiten entender una nueva forma de vivir y comportarnos en la era de las nuevas tecnologías de la información. Nos permite tener un juicio crítico de nuestro entorno digital y reaccionar de manera adecuada a una realidad que no tiene precedentes.

FACEBOOK: Nombre de la plataforma que popularizó a las redes sociales. Aunque sus detractores dicen que caerá en desuso, actualmente cuenta con dos mil millones de usuarios activos a nivel mundial. Para algunos es un monopolio ya que compró Instagram y WhatsApp, para otros, su modelo de negocios es una genialidad.

FAKE NEWS: Noticias falsas propagadas con gran facilidad, ya que los usuarios no se cercioran de la veracidad o autenticidad de las fuentes que comenzaron a difundir la información. Al irse publicando cientos o miles de veces es difícil encontrar quién las comenzó y muchas de ellas, aunque llegan a desmentirse, siguen circulando en internet.

FAMILIAS ENREDADAS: La abuelita que quiere contestar una videollamada en el celular pero no sabe cómo. El papá que se engancha más en los videojuegos que sus hijos. La mamá que inunda los chats con memes. La hija frustrada porque no le sale el baile para su nuevo Tik Tok. El hijo que tiene miles de contenidos en Netflix pero sólo ve una caricatura. El tío que se pone sus audífonos para escuchar un podcast y no oír a todos los demás. Todos vivimos, en mayor o menor medida, en el ciberespacio.

FOMO: Por sus siglas en inglés, Fear of Missing Out, se refiere a la necesidad que tenemos de revisar constantemente nuestras redes sociales ya que de lo contrario, dejaremos de ver algo importante que sucede en las mismas. También se refiere a la ansiedad que provoca no estar incluido en las actividades que vemos que nuestros conocidos postean.

GAMER: Es una persona que se considera experta en uno o varios videojuegos y comparte consejos, trucos o experiencias en redes sociales.

GIVEAWAY: Promociones o sorteos en línea que realizan marcas o influencers para que los posibles consumidores conozcan ciertos productos o se incrementen sus ventas.

HACKER: Es un experto en computación. Generalmente se usa como sinónimo de "pirata cibernético" porque para vulnerar un dispositivo o plataforma se necesita ser especialista en ello.

HATER: Persona que muestra conductas hostiles o comentarios agresivos o denigrantes a uno o varios perfiles en redes sociales.

HASHTAG: Palabras clave, también llamadas etiquetas, que permiten bajo el símbolo de # encontrar contenidos en el ciberespacio.

INFLUENCER: Una persona con miles de seguidores en sus redes sociales y que logra que ellos compartan contenidos o consuman ciertos productos generando una "gran conversación" a través de hashtags o incluso creando su propia "comunidad".

INSTAGRAM: Una red mucho más visual que sus predecesoras. Nació con la idea de subir imágenes y un texto pequeño, pero ha evolucionado sumando filtros y *stickers* que se volvieron muy populares. Gracias a la apropiación que hizo de la idea de Snapchat para subir "historias" que solamente tienen 24 horas de vigencia, sigue siendo la red más usada por famosos y adolescentes.

LORD o LADY: Una persona que se hace famosa en redes sociales por un comportamiento grosero, déspota, prepotente o fuera de lugar.

MEME: Es una idea, concepto, crítica o una broma que generalmente se transmite por internet por medio de imágenes, fotografías o videos y que se convierte en viral.

MILLENNIAL: Es la generación de personas nacidas entre los años ochenta y el 2000 y que crecieron al mismo tiempo en que se popularizó internet y otros avances tecnológicos, por lo que están familiarizados con ellos y los han convertido en parte de su vida.

NATIVOS DIGITALES: Son los nacidos después del año 2000 y que están creciendo y formándose rodeados de una tecnología nunca antes vista con tanta cotidianidad. Son los hijos de los *millennials*.

PERFIL: Es nuestra carta de presentación en las redes sociales, es más que una simple cuenta, ya que mostramos nuestra imagen, nombre, aficiones o trabajo y, en pocas palabras, cómo queremos que nos identifiquen los demás.

POST: Es una publicación en redes sociales, foros o blogs.

STALKEAR: Es una práctica generalizada que consiste en espiar a alguien por medio de sus redes sociales o las de sus amigos. Esta "vigilancia" para conocer detalles de la vida de otros puede derivar en otro tipo de conductas mucho más peligrosas, aunque comúnmente se realizan por curiosidad sobre la vida de personas conocidas pero que no son nuestros seguidores o amigos. Por ejemplo, una expareja, una amiga de hace tiempo, un jefe.

STREAMING: La distribución digital de contenido que permite la visualización en directo o descarga bajo demanda, generalmente de archivos de audio o video a través de plataformas como Spotify o Netflix.

STYLIST: Persona que se dedica a mejorar la apariencia de celebridades y que eventualmente adquiere fama dentro de las redes sociales.

TIK TOK: Plataforma de origen chino que permite subir videos cortos (no más de 15 segundos) o largos (no más de 60 segundos). Una vez que se unió con la aplicación conocida como musical.ly, logró más de 500 millones de usuarios alrededor del mundo. Los adolescentes son sus principales usuarios ya que les permite jugar con bailes y voces.

TRENDING TOPIC: Como su nombre lo indica, es una "tendencia" en redes sociales que se comparte miles de veces, ubicándose en los primeros lugares en las búsquedas. Puede ser el nombre de una persona, un lugar o un tema que causa interés por cientos de usuarios a la vez y que colocan, generalmente, con un hashtag en esa categoría.

TWITTER: El sitio ideal para enterarse de lo que pasa en el mundo. Se calcula que se realizan 65 millones de comentarios al día. Donald Trump lo utilizó para hacer sus pronunciamientos y otros líderes han seguido sus pasos. Por ello se ha convertido en una fuente para los medios de comunicación tradicionales.

VIRAL: Un contenido que es compartido y reproducido miles de veces en un lapso de tiempo muy breve. Por regla general, se transmite de manera ágil ya que se "vuelve trascendente" conocerlo.

WHATSAPP: El servicio de mensajería por excelencia. Cuando parecía que los chats dejarían de existir, esta plataforma ha ido relegando al correo electrónico. Sus "grupos" son utilizados para conversar con familiares, colegas o crear equipos de trabajo en donde se pueden compartir documentos, imágenes y videos al instante.

YOUTUBER: Persona que crea y transmite contenidos dentro de la popular plataforma de videos YouTube y que, poco a poco, comienza a tener más seguidores y ganar patrocinios.